DEVOCIONAL PARA PADRES

DEVOCIONAL PARA PADRES

UN AÑO DE ORACIONES, GUÍA Y SABIDURÍA

CHRIS Y JAIME BAILEY

Z FAITH · NUEVA YORK

ESTE LIBRO ESTÁ DEDICADO A ALGUNOS DE LOS MEJORES ESPOSOS Y PADRES QUE CONOZCO: NUESTROS YERNOS CHAD, JONATHAN Y WILLY.

Z Faith
Un sello de Zeitgeist™
Una división de Penguin Random House LLC
1745 Broadway, Nueva York, NY 10019
zeitgeistpublishing.com
penguinrandomhouse.com

Publicado originalmente en Estados Unidos como *Men's Devotional for Dads: A Year of Prayers, Guidance, and Wisdom* de Chris Bailey y Jamie Bailey de Zeitgeist™, un sello editorial y división de Penguin Random House LLC, Nueva York, en 2023.

ISBN: 9798217330959
Ebook ISBN: 9798217330942

Impreso en los Estados Unidos de América
1st Printing
Diseño del libro de Emma Hall
Ilustraciones de © Net Vector/Shutterstock.com
Traducción al español de Hercilia Mendizabal Frers
Editado por Kim Suarez y Angelica Martinez

El representante autorizado en la UE para la seguridad y el cumplimiento de los productos es
Penguin Random House Ireland, Morrison Chambers, 32 Nassau Street, Dublín D02 YH68, Irlanda.
https://eu-contact.penguin.ie

CONTENIDO

INTRODUCCIÓN

Uno de los mayores dones que puede recibir un hombre es el don de la paternidad. Ya sea que estés aprendiendo con torpeza cómo cargar a un recién nacido, enseñándole a manejar un carro a un adolescente o explorando el cambiante papel de padre de hijos adultos, en estas páginas podrás encontrar apoyo y grandes verdades.

Este viaje de toda una vida llamado «paternidad» está repleto de subidas y bajadas y de una gran cantidad de curvas inesperadas. Como padre, estás al timón. Ese puesto a menudo viene de la mano de muchas presiones y también de innumerables recompensas.

Ser papá mientras haces malabares entre las responsabilidades de tu matrimonio, tu carrera y tu hogar a veces puede resultar angustioso. Habrá días de paternidad en los que sentirás que no das la talla, pero también habrá muchos días en los que sentirás que diste en el clavo.

A medida que guías a tus hijos para que se conviertan en buenas personas y también que sigan a su Dios amoroso, ten presente que Él está contigo en este viaje, siempre a tu lado, que te apoya y pone a tu disposición su sabiduría, tanto como hombre y como padre. Jesús dice: «Yo soy la vid, ustedes las ramas. El que permanece en mí y yo en él, este lleva mucho fruto» (Juan 15:5).

Nuestra plegaria y nuestro objetivo para ti son que, en esta guía, encuentres exactamente lo que necesitas para permanecer en Él y que puedas llevar mucho fruto como padre lleno de fe, para así poder disfrutar a pleno del recorrido por delante.

CÓMO USAR ESTE LIBRO

A través de las páginas de este libro, te brindamos cincuenta y dos devociones que pueden leerse una por semana a lo largo de un año. Cada tema se relaciona con la paternidad y con ser un hombre en comunión con Dios.

Aquí encontrarás la verdad de las Escrituras, temas que aluden a problemas reales que enfrentan los hombres y padres, afirmaciones semanales fáciles de recordar y de aplicación práctica, así como oraciones auténticas escritas desde el corazón.

Sabemos que, como padre, estás muy ocupado y podrías no disponer de demasiada energía, tiempo o concentración. Por eso hicimos que este devocional fuera simple de usar y fácil de entender. Dedicarle tiempo a conectarte con Dios no debería sentirse como un quehacer ni como otra tarea más que debes realizar.

Cada devoción te permitirá sentarte ante Dios y comprender lo que tiene para decir sobre tus roles como hombre y padre. Será un desafío que te hará crecer de modo personal a medida que reflexionas acerca de cada pasaje y Escritura.

Puedes leer este libro como prefieras. Está diseñado de tal modo que no requiere que sigas un orden determinado o que termines en un lapso específico. Tómalo cuando lo desees y comienza con el tema que quieras. Tú decides, mientras buscas —y recibes— estímulo, sabiduría y fortaleza completamente renovados.

¿Estás listo para comenzar? Te invitamos a empezar a leer estas páginas y que nos permitas apoyarte en el proceso de convertirte en el hombre y el padre que Dios te ha diseñado a ser.

LA FUERZA Y LA PROVISIÓN VIENEN DE DIOS

DEVOCIÓN 1

NO SIEMPRE TENGO QUE SER LO SUFICIENTEMENTE FUERTE

Busquen al SEÑOR y su poder;
busquen continuamente su rostro.

1 CRÓNICAS 16:11

¿Recuerdas el día en que te convertiste en padre? Tal vez estabas en la habitación en el momento en que tu pequeño o pequeña llegó al mundo. Seguramente recuerdes la alegría, la emoción y el orgullo de saber que habías ayudado a crear vida. Ese momento fue, cuanto menos, milagroso.

Pero luego, a medida que la habitación empezaba a calmarse, caíste en la cuenta de que esta pequeña vida ahora dependía de ti. La larga espera para convertirte en papá había concluido y, de pronto, todo se hizo realidad. Ahora tienes un hijo que necesita que sepas qué hacer, que ganes suficiente dinero y le enseñes todo lo que debe saber.

Solamente que hay un pequeño problema: no tienes la menor idea de cómo hacer todo eso, y te preguntas si alguna vez tendrás la capacidad, o la fuerza suficiente, para cumplir con este asunto de ser padre.

La verdad es que no estás hecho para saberlo ni serlo todo. Estás hecho para apoyarte en Jesús.

Ya sea que te hayas convertido en padre en una sala de partos o en un viaje al extranjero para traer a tu hijo a casa, probablemente sientas la presión de tener que saber cómo ser padre. Es importante que sepas que no tienes que ceder ante esa presión, ni tampoco tienes que ser siempre lo suficientemente fuerte. Porque Dios ya lo es por ti.

Tu papel como padre es seguir la dirección del Señor, buscarlos a Él y a su fuerza siempre. Él estará presente para señalarte el camino.

Querido Señor: gracias por este gran regalo de convertirme en padre. Gracias por permanecer a mi lado día tras día mientras navego por las aguas de la paternidad. Recuérdame que recurra a tu guía y a tu fuerza para no intentar cargarlo todo sobre mis hombros. Amén.

DEVOCIÓN 2

NUNCA ESTOY SOLO

Jesús se acercó a ellos y les habló diciendo: «Toda autoridad me ha sido dada en el cielo y en la tierra. Por tanto, vayan y hagan discípulos de todas las naciones, bautizándolos en el nombre del Padre, del Hijo y del Espíritu Santo, y enseñándoles que guarden todas las cosas que les he mandado. Y he aquí, yo estoy con ustedes todos los días, hasta el fin del mundo».

MATEO 28:18-20

Los hombres a menudo sienten que deben lidiar solos con sus luchas. Si a veces sientes que solamente puedes depender de ti mismo o que no cuentas con nadie que te apoye, no estás solo. Pero, esa sensación de estar solo, no podría estar más alejada de la realidad.

A lo largo de las Escrituras, Dios promete nunca alejarse de sus hijos ni abandonarlos... y eso es lo que eres como seguidor de Jesús. Ser alguien que cumple con sus promesas es uno de los muchos rasgos de ser un buen padre y es, sin duda, un rasgo que tiene tu Padre celestial. Puedes confiar completamente en que Él no te abandonará. Te ha asignado esta misión de ser padre, y puedes estar tranquilo de que, al igual que tú —un padre que siempre estará allí para su hijo—, tu Padre celestial también estará allí para ti siempre.

No te desanimes en los días que sientas el peso del mundo sobre tus hombros. Recuerda lo que dijo Jesús: «Y he aquí, yo estoy con ustedes» (Mateo 28:20). Está ahí protegiéndote, aconsejándote y animándote.

Aférrate a la verdad de Dios. Y asegúrate de acudir a diario a tu Padre celestial. Él te ayudará a lidiar con cualquier cosa que se cruce en tu camino, en especial con tu aventura de la paternidad.

Querido Señor: a menudo siento que estoy solo. Ayúdame a recordar que estás aquí a mi lado. En los días en los que siento como si todo recayera sobre mis hombros, pon el maravilloso recordatorio en mis pensamientos de que jamás te irás ni abandonarás a ninguno de tus seguidores. Amén.

DEVOCIÓN 3

TENGO TODO UN EJÉRCITO QUE LUCHA CONMIGO

Entonces Eliseo oró diciendo: «Te ruego, oh SEÑOR, que abras sus ojos para que vea». El SEÑOR abrió los ojos del criado, y este miró; y he aquí que el monte estaba lleno de gente de a caballo y carros de fuego, alrededor de Eliseo.

2 REYES 6:17

Un día hace años, antes de que yo, Chris, fuera creyente, disfrutaba de una salida nocturna con mis amigos en una discoteca. En medio de la velada hice una pausa y me alejé de los demás. Al poco tiempo, me encontré rodeado de un pequeño grupo de muchachos que buscaban causar problemas. Me provocaron para que peleara contra ellos y me llamaron cobarde porque no lo hacía. A decir verdad, no me sentía muy valiente. Seamos sinceros: habrían sido cinco contra uno.

De lo que no me había dado cuenta era de que no estaba solo, como había creído. A medida que este grupo se me acercaba, mi grupo de amigos mucho más grande se aproximaba a mis espaldas.

—¿Hay algún problema? —preguntaron mis amigos.

—Sí. Estos muchachos quieren bailar —dije yo.

El grupo de los cinco empezó a retroceder lentamente y siguió su camino... en dirección opuesta.

De igual modo, cuando estás en una batalla como padre, no estás solo. Quizá tu hijo tenga alguien que lo acosa en la escuela. O le rompieron el corazón. O tal vez transite por un camino muy oscuro y nada de lo que hagas parece funcionar. Sea lo que sea, recuerda que cuando te pones de pie para proteger a tu familia, todo el cielo se pone de pie contigo. Dios y sus ángeles guerreros lucharán codo a codo junto a ti.

Recuerda que siempre puedes pedirle a Dios que abra tus ojos ante la realidad de que, en verdad, nunca luchas solo.

Querido Señor: gracias por siempre pelear mis batallas conmigo y, a veces, completamente por mí. Ayúdame a nunca sentirme solo en las cosas por las que lucho, en especial cuando se trata de mantener segura a mi familia. Pongo en tus manos todas las batallas a las que me enfrento hoy. Amén.

DEVOCIÓN 4

SOY EL QUE CRISTO DICE QUE SOY

Pero a todos los que lo recibieron, a los que creen en su nombre, les dio derecho de ser hechos hijos de Dios.

JUAN 1:12

¿Quién eres? ¿Sabes cómo responder a esa pregunta? Gran parte de la vida de un hombre parece dedicarse a perseguir cierto nivel de éxito. Tal vez no sepas de qué modo exactamente, pero sí sabes —de hecho, siempre lo has sabido— que existe la expectativa de que algún día «seas alguien», que «hagas algo» de tu vida. Tal vez, finalmente, «seas algo» cuando conozcas a la mujer indicada, cuando consigas el trabajo perfecto, cuando ganes un buen sueldo o te den el mejor ascenso. Y tal vez, ya entonces, el tema quede resuelto.

Desgraciadamente es bastante común que padres con las mejores intenciones o una sociedad espiritualmente perdida te empujen a encontrar tu sentido en las cosas de esta vida. ¿Pero se supone que debes encontrar tu identidad en el mundo? Lo cierto es que el disfrute que te da el dinero, logar una destreza física u obtener un trabajo específico, solamente durarán el tiempo suficiente hasta que necesites tener que superarte una vez más.

En cambio, cuando encuentras tu identidad en Cristo, tu valor está decidido y asegurado, no importa lo que hagas, dónde trabajes o qué logres.

Cuando Jesús dice que eres un coheredero y un amado hijo de Dios, eso es lo que eres. Comprender lo que vales y tu identidad en Cristo le pone fin a la constante lucha. Hay libertad en una identidad segura en Jesús. Nunca más habrá necesidad de perseguir cosas vacías o de demostrar cuánto vales.

Así que, cuando te pregunten: «¿Quién eres?», responde: «Soy un hijo elegido de Dios».

Puedes estar seguro de que eso siempre será suficiente.

Querido Señor: gracias por considerarme tu hijo y permitirme beneficiarme con las valiosas bendiciones de Jesús. Yo no puedo contribuir a mi significancia. Recuérdamelo. Ayúdame a vivir mi vida sin una lucha constante, sino simplemente confiando que soy el que dices que soy. Amén.

DEVOCIÓN 5

EL ESTAR ANSIOSO NO SOLUCIONA NADA

Dijo a sus discípulos: «Por tanto, les digo: No se afanen por su vida, qué han de comer; ni por su cuerpo, qué han de vestir. La vida es más que el alimento y el cuerpo es más que el vestido. Consideren los cuervos, que ni siembran ni siegan ni tienen almacenes ni graneros, y Dios los alimenta. ¡Cuánto más valen ustedes que las aves! ¿Quién de ustedes podrá, con afanarse, añadir un día a su vida?»

LUCAS 12:22-25

La ansiedad... es un sentimiento y un estado tan vulnerable. Desgraciadamente, ninguno de nosotros es inmune a la ansiedad. Y, sin embargo, las Escrituras contienen más de trescientos versículos que nos dicen que no debemos preocuparnos ni temer. Casi pareciera ser una broma cruel. Estamos en pleno momento de estrés y ansiedad extremos, y Dios básicamente nos dice: «Ya basta».

Pero démosle el beneficio de la duda a Dios: en vez de ser de hecho una broma cruel, esos versículos tienen como objetivo reconocer que Él es totalmente consciente de la batalla que tendremos con la ansiedad a través de nuestras vidas. Tal vez, sepa lo difícil que nos resultará sentir que hemos perdido el control por completo.

Quizá lo que quiere es que recordemos que el control nunca estuvo en nuestras manos.

Él es quien provee, toma las decisiones y se ocupa de todo lo que haga falta. Él es quien será fiel en cualquier situación que nos cause preocupación.

Cuando Dios nos dice que no nos preocupemos ni temamos, no nos está diciendo que no sintamos esas cosas, sino que no actuemos en consecuencia. No hace falta que te desesperes por retomar el control cuando las cosas parezcan estar perdiéndolo. En vez, ponlas en Él y confía en su soberanía sobre ellas. Él es un Dios que provee, mantiene y renueva la fuerza.

Sálvate de la ansiedad dejando que Dios haga lo que mejor sabe hacer. Después de todo, confiar en Dios, no preocuparse, es lo que añade paz a tu vida.

Querido Señor: estoy tan agradecido porque tienes el control de todas las cosas. Hoy te entrego todas mis ansiedades y te pido que me quites cualquier miedo, terror o preocupación que sienta. Ayúdame a pararme firme en la paz en lugar de desesperarme en la ansiedad. Amén.

DEVOCIÓN 6

HAY FORTALEZA EN MI DEBILIDAD

...y me ha dicho: «Bástate mi gracia, porque mi poder se perfecciona en la debilidad». Por tanto, de buena gana me gloriaré más bien en mis debilidades, para que habite en mí el poder de Cristo.

2 CORINTIOS 12:9

Todos hemos oído grandes historias personales en el mundo del deporte. Hay muchos deportistas admirables, con un talento innato, que han estado brillando en su deporte desde que irrumpieron en el campo de juego. Mientras que esos muchachos son conocidos y se habla de ellos, es diferente cuando, al talento de ser bueno en un deporte, le incluyes una historia personal de superación o una historia contra todo pronóstico.

La diferencia radica en que, mientras que la fuerza y el talento innato son admirables, lo que provoca más empatía es la debilidad. Las historias de fracasos, de lesiones que pusieron en jaque carreras, del ascenso por la escalera profesional a pesar de caer una y otra vez... esas son las que más inspiran.

Pero también son las historias que la mayoría de los hombres preferirían no vivir.

Existe mucha presión y una expectativa social de que los hombres sean pilares de fortaleza. Para muchos, esa fortaleza se ve como tener talento puro y no fracasar nunca. Pero en el sistema de Dios, son precisamente esas debilidades, esos fracasos y la decisión de no rendirse lo que Él más usa.

Dios no quiere que los hombres escondan sus debilidades. Quiere que los hombres hablen de ellas para que Él pueda mostrar su fortaleza. Cuando te presentas como un hombre que siempre tiene todo bajo control y que es exitoso en todo lo que hace, no hay demasiado lugar para que la gloria de Dios esté en el centro de la escena.

No les temas a tus debilidades. En vez, despliégalas de manera abierta y apropiada para que tu familia y quienes te rodean puedan ver cómo Dios da un paso adelante para que las cosas sucedan para ti.

Querido Señor: eres fuerte cuando yo soy débil. Quiero que mi familia y los demás sean testigos de tu fortaleza en mi vida, y así puedan verla en su propia vida. Te entrego mi debilidad para que la uses a tu criterio. Tuya es la gloria. Amén.

DEVOCIÓN 7

DIOS ES EL MÁXIMO PROVEEDOR PARA MI FAMILIA

«Por tanto, no se afanen diciendo: "¿Qué comeremos?" o "¿Qué beberemos?" o "¿Con qué nos cubriremos?" Porque los gentiles buscan todas estas cosas, pero el Padre de ustedes que está en los cielos sabe que tienen necesidad de todas estas cosas.»

MATEO 6:31-32

¿Alguna vez pasaste por un período difícil? ¿Y cuando ese momento «difícil» parece extenderse por más que un simple período? Sea cual sea la situación, a nadie le gusta pasar por momentos duros.

Rob, un contratista, se encontraba trabajando en una casa un día cualquiera cuando se cayó de una escalera y se fracturó el tobillo y la pierna. De manera inmediata, Rob dejó de trabajar y quedó cubierto por su indemnización por invalidez. Como sus ingresos eran los que sostenían económicamente a su familia y tenían muy pocos ahorros, este gran cambio de vida lo hizo caer en picada, tanto física como mentalmente. No solo estaba terriblemente dolorido, sino que también sufría de una creciente ansiedad por la incertidumbre de cómo mantendría a su familia.

Su esposa le decía constantemente que trabajaría más horas y que estarían bien. Pero a Rob no lo convencía. Sabía que era su culpa que ella tuviera más estrés y más responsabilidades, y batallaba con el hecho de que sus hijos tal vez no pudieran continuar con sus actividades extracurriculares.

Pero de lo que no se daba cuenta Rob era de que, aunque su familia sin duda dependía de sus ingresos económicos, podía depender de Dios incluso aún más.

Ya sea que estés pasando por un período de desempleo, recuperándote de una crisis de salud o progresando en todas las áreas de tu vida, no te engañes pensando que eres el mayor proveedor. Cada destreza, cada dólar y cada empleo que tienes proviene de Dios. Él es quien mantiene y provee a tu familia.

Y lo seguirá haciendo a través de cada período difícil que atravieses.

Querido Señor: gracias por estar ahí para mi familia y proveerla cuando yo no puedo o cuando siento que no estoy haciendo lo suficiente. Ayúdame a recordar que no importa cuán duro trabaje para proveer, tú eres y siempre serás el máximo proveedor. Amén.

DEVOCIÓN 8

ENFRENTARME A DIFICULTADES ME PERMITE CRECER

Bien saben que, cuando su fe es puesta a prueba, produce paciencia. Pero procuren que la paciencia complete su obra, para que sean perfectos y cabales, sin que les falta nada.

SANTIAGO 1:3-4 (RVC)

Cuando Bryan llegó a su casa un viernes por la noche, su esposa e hijos se habían marchado. Sintió que era algo totalmente inesperado, pero en el fondo sabía que no lo era.

Su esposa se había estado quejando durante meses de que no era feliz en su matrimonio. No podían comunicarse sin pelear o sin que él se alejara de la situación. Se sentía completamente sola en la crianza de su hijo adolescente, quien estaba manifestando exabruptos violentos. Y ciertos arreglos imprescindibles para la casa no se estaban resolviendo.

Bryan era un negador.

Bryan no evitaba las cosas a propósito. Por supuesto que no quería que lo abandonara su esposa. La amaba. Pero se sentía tan incómodo con las emociones y circunstancias difíciles que no podía controlar, que parecía más fácil negarlas e ignorarlas.

Al elegir no trabajar en su matrimonio, en la crianza de su hijo o hasta en su casa, Bryan perdió mucho más que a su esposa. Perdió la oportunidad de crecer en la resiliencia. Vivía con una fe débil, una fe que no se había puesto a prueba y por ello era poco fiable.

Ya sea en el matrimonio, en el trabajo o con tus hijos, los momentos difíciles son parte de la vida. Pero con Dios, esos momentos difíciles serán una enseñanza que te hará crecer para convertirte en el hombre que Él te destinó a ser.

Si mantienes tu compromiso, ya tienes la mitad de la batalla ganada. No te conviertas en un hombre que se desentiende de todo. Tu familia necesita más que tu presencia física. Necesita que mantengas el rumbo a nivel emocional, mental y físico, el tiempo que haga falta.

Siempre muéstrate dispuesto a probar tu fe, pues al hacerlo no harás más que reforzarla.

Querido Señor: agradezco tanto que nunca hayas huido de situaciones difíciles, ni siquiera cuando tú, como hombre mortal, sudaste sangre por temor y agonía. Ayúdame a estar dispuesto a soportar situaciones difíciles por ti, por mi familia y por mi propio crecimiento. Ayúdame a seguir tu ejemplo. Amén.

DEVOCIÓN 9

PERSEGUIR EL DINERO LLEVA A CALLEJONES SIN SALIDA

Porque los que desean enriquecerse caen en tentación y trampa, y en muchas pasiones insensatas y dañinas que hunden a los hombres en ruina y perdición. Porque el amor al dinero es raíz de todos los males; el cual codiciando algunos, fueron descarriados de la fe y se traspasaron a sí mismos con muchos dolores.

1 TIMOTEO 6:9-10

Cuando nos casamos, estábamos muy entusiasmados con abrir nuestra primera cuenta de ahorro juntos con, solamente, unos pocos $100. A medida que pasó el tiempo y nuestros trabajos mejoraron, también lo hizo nuestra cuenta de ahorro. Sin embargo, para cuando quisimos darnos cuenta, no importaba cuánto hubiéramos ahorrado, nunca parecía ser suficiente.

Aunque ahorrar dinero es una práctica positiva y responsable, cuando comenzamos a sentirnos insatisfechos y temerosos sobre el hecho de no tener ahorrado lo suficiente, supimos que nuestro enfoque era el equivocado.

Cuando buscas que el dinero te brinde seguridad, un futuro, una identidad o lo que sea, estás metiéndote en problemas. El dinero no tiene ese tipo de poder. Por lo tanto, Dios no quiere que lo anhelemos ni que lo convirtamos en el propósito de nuestras vidas. Solo Él provee esas cosas.

No hay por qué avergonzarse del éxito económico. De hecho, es bueno que los creyentes tengan seguridad económica y hasta riqueza. Imagina el bien que se podría hacer en el mundo si los creyentes usaran su dinero para aquello a lo que los llama Dios.

Pero no siempre es así y esta Escritura nos dice por qué. Cuando ansías convertirte en rico, te estás predisponiendo a grandes tentaciones, a que la maldad se arraigue en ti y a sentir que nunca tienes suficientes cosas. Es un gran callejón sin salida.

El dinero no está hecho para adorarlo, anhelarlo o perseguirlo. La intención de Dios es que lo alabemos, que lo prioricemos y que confiemos en Él. Y, cuando sea posible, que bendigamos económicamente a las personas necesitadas que nos rodean.

Querido Señor: eres más valioso para mí que cualquier otra cosa. Si he puesto mi amor por el dinero por encima de mi amor por ti, reencáuzame para seguirte a ti y hacer tu voluntad. Cuando me bendigas económicamente, ayúdame a mantener un sabio equilibrio entre el ahorro y la ayuda a mi familia y a la gente necesitada. Amén.

PRIORIZA TU FE

DEVOCIÓN 10

LO QUE MÁS IMPORTA ES QUE SIGO A DIOS

Porque el ejercicio físico para poco aprovecha; pero la piedad para todo aprovecha pues tiene promesa para la vida presente y para la venidera.

1 TIMOTEO 4:8

Los hombres, incluso los adolescentes, a menudo son juzgados por ser «demasiado» esto o «no lo suficiente» aquello. La sociedad ha impuesto muchas exigencias sobre cómo deberían actuar o ser los hombres.

Te dicen que deberías ser audaz y firme, pero luego cuando lo eres, te dicen que eres controlador. Das un paso atrás y no dices nada, y luego te acusan de ser un blando. Es muy difícil seguirle el ritmo al mensaje de ser delicado pero firme, audaz pero silencioso. Pareciera ser hasta una tarea imposible.

Entonces, ¿qué deberías hacer en vez? Convertirte en un hombre que sigue al Señor y crece en su piedad. Cuando haces eso, a veces el mundo te valorará y a veces no lo hará. Pero sabrás que estás haciendo lo que Dios te ha llamado a hacer y te bendecirá por ello.

Al igual que dedicarle tiempo al ejercicio físico y a comer sano ayudará a mantener tu cuerpo en forma, se necesita el mismo tipo de concentración y esfuerzo para estar en gran forma espiritual. Sumérgete en la Palabra de Dios a diario. Allí aprenderás cuándo es el momento adecuado para ponerte firme, y cuándo es el momento en el que hace falta mantener silencio. A medida que leas y medites, aumentará tu discernimiento.

Tus esfuerzos por mejorar en otras áreas darán muchos frutos terrenales, pero solo tus esfuerzos por crecer en la piedad, durarán por toda la eternidad.

Silencia la voz del mundo. Abre tu Biblia y escucha la voz de Dios.

Querido Señor: solo tú conoces el camino que debo recorrer en esta vida. Ayúdame a no enfocarme en convertirme en lo que la sociedad dice, sino en convertirme en el hombre que tu Palabra me guía sabiamente a ser. Amén.

DEVOCIÓN 11

SERÉ UN HOMBRE QUE DA LA MEDIA VUELTA

¿O menosprecias las riquezas de su bondad, paciencia y magnanimidad, ignorando que la bondad de Dios te guía al arrepentimiento?

ROMANOS 2:4

¿Alguna vez dijiste: «Bueno, ya lo hice, así que por qué no seguir haciéndolo»? Si es así, no estás solo, pero es una afirmación de la que necesitas deshacerte. Esa forma de pensar no te llevará a ninguna parte más que a pecar aún más.

Nuestro querido amigo Brad tenía que viajar mucho por trabajo. El hecho de pasar demasiadas noches solo con su computadora portátil en una habitación de hotel, derivaron en largas salidas nocturnas, al consumo de bebidas alcohólicas y a obtener la atención de una mujer. Él sabía que sus malas elecciones lo estaban arrastrando más y más hacia el pecado, pero una vez que dio un par de pasos en falso, se hizo más fácil dar algunos más.

Esto no es lo que te llama a hacer Dios. No hay pecado demasiado vergonzoso ni demasiado grande como para que no lo redima el Señor. El momento en el que pecas es el momento en el que debes dar la media vuelta y regresar a Dios. Cualquier cosa que no sea arrepentimiento como respuesta al pecado es dejar que el Enemigo se afiance en tu vida.

Brad finalmente vio esta verdad y de pronto se encontró al costado del camino, llorando y completamente arrepentido ante Dios. No sabía si su matrimonio o su vida serían redimidos, pero sabía que con su arrepentimiento recuperaría su relación con el Señor.

Dios siempre busca transformar un desafío en un mensaje. Él tomó el pecado más oscuro de Brad y no solo sanó su matrimonio, sino que lanzó todo un ministerio a partir de allí.

Si es hora de dar la media vuelta, hazlo.

Querido Señor: gracias por todas las veces que me has perdonado y por siempre estar allí esperándome, sin importar lo mal que me haya comportado. Ayúdame a dar la media vuelta rápido en cuanto comience a alejarme de ti. Amén.

DEVOCIÓN 12

VIVIRÉ MI VIDA COMO UN EJEMPLO A SEGUIR

...que los hombres mayores sean sobrios, serios y prudentes, sanos en la fe, en el amor y en la perseverancia.

TITO 2:2

Las Escrituras no se la hacen fácil a los hombres. En realidad, lo único que debes hacer es ser medido, respetable, sabio, fiel y estar lleno de amor y paciencia.

Ser hombres de Dios es un gran desafío. Si no lo fuera, no habría manera de diferenciar a los hijos de Dios de aquellos que no lo conocen o no lo siguen. Y ese es el punto: ser hombres que se destaquen por ser diferentes, diferentes para bien. Tanto así, que los jóvenes quieran convertirse en ellos.

Un hombre que se desenvuelve con mesura controla su mente, su cuerpo y su espíritu. Sirve solamente a un Amo; y no a un otro que se presente en forma de gula, sustancias prohibidas, adicciones o cualquier otra cosa que priorice el deseo de la carne por sobre la voluntad de Dios.

Este estilo de vida es un objetivo noble. Para ejercerlo debemos rendirnos por completo al Espíritu Santo y seguir su voluntad.

El hombre respetable, sabio, lleno de fe, lleno de amor y paciencia es el que sigue a Dios en un intento por lograr todo lo que Él lo ha llamado a ser. Cuando este hombre comete errores, tiene también la voluntad y la humildad suficientes para arrepentirse y regresar al Padre.

Nunca te convertirás al cien por cien en todo lo que Tito 2:2 dice que deberían ser los hombres de Dios, porque ser un hombre de Dios es difícil. Pero si te esfuerzas, sin duda te convertirás en un excelente ejemplo a seguir.

Querido Señor: me has dado la gran responsabilidad de ser un ejemplo para los más jóvenes. Cómo vivo mi vida importa. Ayúdame a convertirme en un hombre que vive como viviría Jesús, para que quienes vienen detrás de mí también quieran seguirte a ti. Amén.

DEVOCIÓN 13

NO SOY UN IMPOSTOR. ESTOY EQUIPADO.

Y no es que nos creamos competentes por nosotros mismos, como si esta competencia nuestra surgiera de nuestra propia capacidad. Nuestra competencia proviene de Dios...

2 CORINTIOS 3:5 (RVC)

¿Sabes cuáles son algunos de los mayores desafíos que tienen los creyentes cuando se trata de compartir el evangelio? Temen no saber lo suficiente o no tener todas las respuestas. Y temen que los demás miren sus vidas, los juzguen y los consideren un fraude.

El *síndrome del impostor* te hace creer que eres un fraude y que no tienes idea de lo que haces. Te dice que siempre estás a punto de que los demás descubran que no das la talla. El síndrome del impostor puede manifestarse en tu trabajo, en tu paternidad o en cualquier rol de liderazgo.

En esencia, se trata de creer que debes hacer más, saber más y ser más. Debes ganarte tu lugar y hacerlo sin cometer ningún error. El síndrome del impostor exige perfección. ¿Pero sabes qué más hace? Miente. Intenta deshacerse de la verdad de que Dios te ha equipado con talentos y dones. Quiere que olvides que Él ha vertido su gracia al darte una posición que tal vez no te ganaste.

Tampoco quiere que recuerdes que Él te ha permitido progresar a pesar de tus debilidades, gracias a que te has apoyado en su fortaleza.

Dios a propósito te creó para que no seas perfecto y para que no seas capaz de lograr todo lo que obtienes. Son esas imperfecciones, el hecho de que no lo sabes todo y tu *in*experiencia lo que crea la necesidad de Él.

Nunca estarás capacitado para hacer nada por ti solo. Pero la buena noticia es que quien sí está capacitado, te ha equipado a ti con todo lo que necesitas.

Querido Señor: ayúdame a aceptar con brazos abiertos mis limitaciones y a no verlas como defectos sino como recordatorios de mi dependencia de ti. Amén.

DIOS TE DISEÑÓ PARA LAS RELACIONES

DEVOCIÓN 14

SOY MEJOR CUANDO TENGO AMIGOS PIADOSOS

Mejor dos que uno solo, pues tienen mejor recompensa por su trabajo. Porque si caen, el uno levantará a su compañero. Pero ¡ay del que cae cuando no hay otro que lo levante!

ECLESIASTÉS 4:9-10

¿Has oído hablar del milagro de la Biblia menos comentado de todos? Ya sabes... ese en el que un hombre de unos treinta años tiene doce grandes amigos...

Okey, obviamente es un chiste (tú decides cuán chistoso es), pero ¿acaso no tiene algo de verdad? La amistad entre los hombres es difícil. De hecho, los hombres son los que menos amistades tienen de todos los segmentos demográficos.

No debería ser así. A los hombres les va mejor cuando transitan la vida junto a otros hombres.

El problema para muchos hombres es que la amistad requiere de abrirse y ser vulnerable, dos cosas que pueden resultar como un desafío. Sin embargo, las Escrituras son claras: para Dios son importantes la comunidad y la amistad. Nos diseñó para que lo amemos a Él y los unos a los otros. Eso significa que se debe involucrar a otra gente.

La vida puede ser difícil y también puede ser increíble. Nadie debería atravesar esos momentos solo. Habrá días en los que necesitarás a amigos para soportar el dolor de una pérdida y que te aconsejen. Si optas por vivir una vida solo, te estás buscando problemas.

Dios quiere que tengas amigos y quiere que tus hijos también los tengan. Quiere que te eleves gracias a la compañía de otros creyentes, que te estimulen cuando se reúnan, y que te ayuden a levantarte en los días en que la vida te hace caer de rodillas.

Quizá que sea difícil y hasta un poco incómodo hacer nuevos amigos. Pero los beneficios pueden ayudarte a convertirte en un mejor —y más feliz— hombre y padre.

Querido Señor: tú sabes cuáles son los amigos que necesito en mi vida. También sabes lo difícil que es, como hombre, hacer amigos, confiar y apoyarse en los demás. Te pido que acerques a mi vida a hombres piadosos y confiables para que podamos transitar esta vida juntos. Amén.

DEVOCIÓN 15

COMPARTIR MIS CARGAS AYUDA A LOS DEMÁS

Sobrelleven los unos las cargas de los otros y de esta manera cumplirán la ley de Cristo.

GÁLATAS 6:2

Como esposa, puedo decirte que Chris es muy bueno a la hora de dejarme compartir el peso de lo que me agobia con él. Se ha pasado años escuchando mis aflicciones y mis motivos de estrés, además de los de nuestras tres hijas, los de sus amigos y los de la comunidad de nuestra iglesia. Como consejero, él es el mejor a la hora de cargar y compartir genuinamente el peso de las cargas de los demás.

Es justo asumir que está haciendo todo lo que puede para cumplir con la ley de Cristo.

Sin embargo, también puedo decirte que le cuesta compartir conmigo el peso de lo que lo aflige a él.

A lo largo de nuestros años compartidos juntos en matrimonio, he aprendido a ver señales de estrés en mi marido. En general, Chris es una persona apacible y alegre que, cuando está estresado, se muestra más irritable y, lo que hemos dado en llamar a modo de broma, «cabreado». Cuando veo esas señales, sé que es hora de hablar con él y pedirle que comparta sus cargas conmigo.

Es que, esta orden de las Escrituras no tiene la intención de servir solamente a un lado de las relaciones humanas. Seguramente, lo último que Chris quiere es cargar a la familia con su estrés. Pero de lo que no se da cuenta es de que, cuando se lo carga todo a sí mismo, pasan tres cosas: uno, no cumple del todo con la ley de Cristo; dos, no me permite ser un recurso para él, precisamente una de las razones por las que Dios me creó para él; y tres, al final de todo, él nos termina dando una peor y más malhumorada versión de sí mismo.

Todos estamos aquí para compartir las cargas de los demás. Y para compartir las nuestras.

Querido Señor: gracias por siempre estar dispuesto a llevar mis cargas y por brindarme a otros que también las compartirán. Otórgame la humildad para admitir cuando atravieso momentos difíciles. Recuérdame que no necesito cargar con mis problemas solo. Amén.

DEVOCIÓN 16

ESTOY UNIDO A MI ESPOSA, NO A MIS PADRES

Entonces dijo el hombre: «Ahora, esta es hueso de mis huesos y carne de mi carne. Esta será llamada "mujer", porque fue tomada del hombre». Por tanto, el hombre dejará a su padre y a su madre, y se unirá a su mujer, y serán una sola carne.

GÉNESIS 2:23-24

Mark y Julie han estado casados por ocho años. Por mucho que se amen, tienen una lucha constante sobre algo que está afectando a su matrimonio: la mamá de Mark. Desde el primer día, siempre ha tenido algo que decir acerca de las decisiones de Julie.

Para apaciguar a su madre, Mark continuamente permitía que la opinión de su madre se impusiera a la de su nueva esposa. Nada bueno podía resultar de esa situación. El día que Mark y Julie se casaron y dieron sus votos, decidieron hacer del otro una prioridad. Ese fue el día que los dos individuos se hicieron uno.

La ecuación de dos-más-mamá nunca iba a funcionar.

Una de las quejas más comunes de esposos y esposas, es que sienten que su cónyuge no los apoya. A menudo son casos de invasión de los suegros en los que uno de los cónyuges complace los deseos de uno de sus padres por encima de los deseos de su cónyuge. Esto permite que alguien siempre se entrometa en su matrimonio.

Para tener un matrimonio unido, debes aprender a que nada ni nadie se interponga entre ustedes. Pasaste una vida bajo la autoridad de tus padres. No todos los padres llevan bien esta transición. Cuando no lo hacen, depende de ti ayudarlos defendiendo a tu cónyuge.

A la mamá de Mark no le cayó bien que lo hiciera. Pero cuando él decidió dejar de hacer todo lo que ella quería solamente para apaciguarla, su matrimonio empezó a prosperar.

Estás llamado a la unidad en tu matrimonio. Deberías honrar a tus padres, pero ya no estás sujeto a obedecerles. Sé unido con tu esposa.

Querido Señor: gracias por diseñar el matrimonio para que sea unificado. Ayúdame a discernir todas las áreas en las que mi total lealtad no es hacia mi esposa, y a convertirme en un esposo que siempre la apoya. Amén.

LO QUE TU FAMILIA REALMENTE NECESITA

DEVOCIÓN 17

SOY MÁS QUE UN SALARIO PARA MI FAMILIA

Pero aun los cabellos de la cabeza de ustedes están todos contados. No teman; más valen ustedes que muchos pajaritos.

LUCAS 12:7

Dios te ve como alguien verdaderamente valioso. Eso excede tu salario, tus ascensos y la lista de objetivos que has cumplido. Para Él eres invaluable como el hombre y padre en el que te está transformando.

En nuestro rol de consejeros matrimoniales, a menudo oímos las inseguridades y las luchas con las que lidian con frecuencia los hombres. La sensación de no ser más que un salario es una de ellas.

Tus ingresos son, de hecho, importantes. Pero si tener dinero y bienes materiales es el enfoque principal de un padre, eso puede crear en los niños una actitud de privilegio que les haga sentir que es su derecho tener todas esas cosas... y generar un gran vacío también. En definitiva, lo que tus niños más quieren es a ti. Sí, tus hijos te quieren más a ti de lo que quieren tu dinero.

Tómate un segundo y pregúntate si te lo crees.

Una vez oímos a James, un adolescente, expresar su frustración al ver que una vez más tendría que comer sobras esa noche, mientras su padre trabajaba hasta tarde. Su padre inmediatamente le recordó que tenía un techo donde vivir, su propio carro y todo lo que pudiera querer.

¿Cuál crees que fue la respuesta entre lágrimas de James a su padre? «Ya sé que tengo esas cosas. Pero las sacrificaría todas para poder cenar contigo alguna vez».

Papá, aunque a veces parezca que tu único valor es el económico, eso no es verdad. Lo que tus hijos y tu esposa quieren más que nada en el mundo es a ti.

No subestimes el valor de todo lo que tienes para ofrecer como persona. Eres tanto más que un salario.

Querido Señor: gracias por amarme tal como soy, más allá de cuánto gane y qué haga. Ayúdame a entender la verdad de la manera en la que me ve mi familia, que soy tanto más para ellos que un proveedor económico. Amén.

DEVOCIÓN 18

MI PRESENCIA ES IMPORTANTE PARA MI FAMILIA

Ocupen la mente en las cosas de arriba,
no en las de la tierra...

COLOSENSES 3:2

¿Alguna vez te preguntas cuáles son las cosas que realmente le importan a Dios? Entre ellas están, sin duda, las relaciones entre nosotros. Le importa cómo te pones a disposición de los demás, cuán bien los amas y cómo lo modelas a Él ante ellos. El tiempo que inviertes en las personas a través de las relaciones es lo que el Señor usa para cambiarlas, hacerlas crecer y hacerse conocer por ellas. Lo que inviertes tiene un valor eterno.

Tu tiempo y tu presencia son lo que les demuestra a los demás lo mucho que los quieres y si son dignos de tu atención.

El desafío es que invertir en las personas, aunque sean tu esposa e hijos, no siempre es conveniente o fácil. A menudo requieren tu atención cuando llegas a casa luego de un largo día de trabajo, cuando lo único que quieres es relajarte y navegar ausente por tu teléfono móvil. Ofrecer tu presencia y tu tiempo puede resultar un desafío, pero bien vale la pena.

Sea lo que sea que estés mirando en tu teléfono, ya sean los resultados deportivos más recientes, videos de YouTube o tu correo electrónico, todo pertenece a este mundo. La verdad es que, si tenemos en cuenta la eternidad, quién ganó el partido o ver un video no importará demasiado. No tiene nada de malo disfrutar de esas cosas, pero hay un momento y un lugar adecuados para hacerlo, que no son cuando a tu familia le gustaría interactuar contigo.

Ten la voluntad de dejar a un lado tu teléfono y relaciónate con la gente que amas. Lo que más importa es tu presencia junto a ellos.

Querido Señor: ayúdame a permanecer enfocado en lo que más te importa a ti. Recuérdame que mi familia quiere y se merece mi atención amorosa. Ayúdame a no ser atraído por cosas insignificantes de este mundo, sino a comprometerme con las cosas del cielo. Amén.

DEVOCIÓN 19

ESTARÉ COMPLETAMENTE PRESENTE Y VIVIRÉ MI VIDA PARA LA GLORIA DE DIOS

Por tanto, ya sea que coman o beban, o que hagan otra cosa, háganlo todo para la gloria de Dios.

1 CORINTIOS 10:31

¿Alguna vez oíste a tu hijo contar una historia y luego, de la nada, te hizo una pregunta y te diste cuenta de que no estabas prestando atención? Se pueden dar circunstancias similares con cualquier persona en cualquier situación. Es difícil estar presente todo el tiempo cuando hay tantas cosas que pueden distraernos. Pero igual deberíamos esforzarnos por estar presentes y escuchar con atención.

La manera en que te presentas ante la vida y en tus relaciones importa. Hay un dicho muy sabio: «Procura estar donde están tus pies». Estar donde están tus pies significa que cuando estés en el trabajo, procura estar en el trabajo. Cuando estés en casa, procura estar en casa. Cuando estés comiendo y bebiendo, procura estar comiendo y bebiendo. Todo lo que haces está destinado a glorificar a Dios. Cuando haces las cosas a medias, no hay mucha gloria para Dios en eso.

Cuando vas al trabajo y no logras estar presente en el trabajo, se hace fácil llevarte el trabajo a casa. ¿Pero qué pasaría si estar completamente presente en el trabajo te permitiera estar completamente presente en casa? ¿Y qué pasaría si estar completamente presente en casa te permitiera trabajar sin remordimientos o el temor de perderte de cosas en la vida de tu esposa e hijos?

Sea lo que sea que hagas en el trabajo, en casa o en cualquier otro lugar, hacerlo «para la gloria de Dios» requerirá que estés presente y disponible.

Sé un esposo y un padre dispuesto a estar totalmente presente, para la gloria de Dios y para demostrar amor y cariño por quienes te rodean.

Querido Señor: gracias por siempre estar totalmente presente con mi familia y conmigo. Nunca te presentas a medias para ninguno de nosotros. Ayúdame a modelar ese mismo tipo de presencia para quienes me rodean. Quiero que mi vida te traiga gloria en todo lo que hago. Amén.

DEVOCIÓN 20

MI FAMILIA NECESITA QUE LA ESCUCHE

Al necio, la inteligencia no le causa placer; tan solo le interesa exhibir lo que piensa.

PROVERBIOS 18:2 (RVC)

Si alguna vez quieres saber si eres un tonto o eres sabio, simplemente consulta el libro de Proverbios. El rey Salomón, quien escribió este sabio libro, sin duda no se andaba con rodeos y le importaba poco incomodar a quien fuera.

Si eres un admirador de este rey tan directo, aquí te paso otra verdad: tu esposa e hijos no siempre necesitan que soluciones sus problemas o que corrijas lo que quizá estén haciendo mal.

Probablemente tengas las respuestas o hasta tengas algunas soluciones a sus problemas, pero proveérselas no siempre ayuda a mejorar una situación. Ni a mejorar la relación que tengas con ellos. Si quieres que tu familia acuda a ti cuando tienen dificultades, y si quieres ser un buen apoyo y un lugar seguro en el que ellos puedan refugiarse, deberás convertirte en un «escuchador» experto.

Cuando los escuches, tu esposa e hijos comenzarán a sentirse comprendidos, incluso cuando no los entiendas. Cuando encuentres tiempo y espacio para que ellos compartan sus problemas, sin que tu ofrezcas una solución de inmediato, sabrán que te importan más ellos y sus necesidades de lo que te importa a ti solucionar sus problemas.

Como hombre, lo más probable es que compartas un problema en el momento en que agotaste todas tus opciones y estás buscando una solución. Es por eso que tal vez esta noción, de solamente escuchar, te resulte extraña.

Hay sabiduría en prestar un oído que escuche y comprenda. Cuando tu familia se sienta vista y escuchada, tal vez entonces te pidan un consejo.

Querido Señor: gracias por escucharme cuando acudo a ti con mis problemas. Quiero brindarle a mi familia la misma comprensión y el mismo consuelo. Ayúdame a escucharlos sin necesariamente ofrecer soluciones, ya que eso es lo que más necesitan de mí. Amén.

DEVOCIÓN 21

MI FAMILIA PUEDE CONTAR CONMIGO

Dios no es un simple mortal para que mienta o cambie de parecer. Si él habla, ciertamente actúa; si él dice algo, lo lleva a cabo.

NÚMEROS 23:19 (RVC)

Terrance era un gran tipo: gracioso, alegre y alguien increíblemente agradable para pasar el rato. Entonces, ¿por qué tenían tantos problemas él y su esposa?

Desgraciadamente, también era un hombre que no cumplía con sus promesas. Por varias noches seguidas, luego de decirle a su esposa, Kelly, que llegaría a casa a la hora de la cena, no lo hacía. Aunque querían ahorrar dinero para la nueva casa que deseaban comprar, siempre aparecía algún otro gasto que terminaba siendo la prioridad del momento.

Hasta les hizo promesas a sus niños de pasar fines de semanas divirtiéndose todos juntos, y al final terminaba trabajando en casa u ocupado con alguna otra actividad que le hacía aplazar su promesa hasta el fin de semana siguiente.

Aunque para Terrance estas promesas incumplidas le resultaban insignificantes, no lo eran en absoluto para su esposa e hijos. Ya no podían creer en su palabra, lo cual terminó afectando la relación que tenían con él.

La confianza es la base de toda buena relación y no es automática. Requiere de intencionalidad y de compromiso. Cuando esas cosas están ausentes, esa falta de confianza envía un mensaje que dice: «Simplemente, no me importas tanto».

Tus palabras y tus acciones deben estar alineadas si quieres que tu familia sea capaz de depender de ti.

Un hombre confiable crea estabilidad y seguridad para su familia, porque todos sus integrantes saben que es un hombre de palabra. Un hombre confiable es un hombre que, al igual que Dios, no miente, cumple sus promesas y siempre está ahí cuando se lo necesita. Dios bendice a los hombres así.

Querido Señor: gracias por siempre ser fiel, decir la verdad y por estar ahí cuando te necesito. Ayúdame a ser un hombre que ofrece el mismo tipo de confianza para mi familia. Amén.

DEVOCIÓN 22

CUANDO SOY PROACTIVO, TENGO EL PODER DE CAMBIAR VIDAS

...para que ya no seamos niños fluctuantes, arrastrados para todos lados por todo viento de doctrina, por los engaños de aquellos que emplean con astucia artimañas engañosas, sino para que profesemos la verdad en amor y crezcamos en todo en Cristo, que es la cabeza...

EFESIOS 4:14-15 (RVC)

Puede que no tengas idea de lo poderoso que es tu rol de padre. Los padres proactivos que están dispuestos a estar conectados con sus familias, a permanecer activos con sus hijos y que tienen la determinación de defender lo que es justo, son los que están cambiando el mundo.

Según la organización No Longer Fatherless (NoLongerFatherless.org), tu papel como padre comprometido puede tener un gran impacto. Los niños que crecen sin la presencia de un padre suelen enfrentar más desafíos: es más común que tengan dificultades en la escuela, presenten problemas de conducta, pasen por situaciones de falta de vivienda o se vean involucrados con el sistema de justicia; incluso tienen un mayor riesgo de suicidio. Eso significa que tu presencia positiva afecta y cambia vidas.

Ser padre, esposo y líder puede ser una tarea abrumadora. Sin embargo, luego de oír estadísticas como estas, ¿no te parece que vale la pena mantenerse firme en esa tarea? La vida puede presentar grandes desafíos y la pasividad pareciera ser el camino más fácil. Pero no te engañes y creas que no se paga un alto precio por esta decisión.

Un hombre pasivo es aquel que ignora los problemas, que evita las luchas a su alrededor y que teme tomar decisiones. La pasividad es una postura inmadura, la cual permite que la sociedad y las circunstancias te empujen de un lado a otro, mientras toman todas las decisiones para tu vida.

Deja que hoy la Palabra de Dios te inspire. Es hora de crecer en Cristo. Tus hijos necesitan que seas un hombre dispuesto a hablar con honestidad, que lucha y que se compromete.

Querido Señor: hay días en que dudo de si soy capaz de cumplir con mi tarea de padre, pero no quiero ser un papá pasivo que no está dispuesto a ser una influencia positiva y proactiva. Ayúdame a crecer en ti para convertirme en el padre que me has creado a ser. Amén.

DEVOCIÓN 23

LA VULNERABILIDAD ME CONECTA CON LAS PERSONAS QUE MÁS QUIERO

Mi cuerpo y mi corazón desfallecen; pero la roca de mi corazón y mi porción es Dios, para siempre.

SALMOS 73:26

Si existiese un puente metafórico que pudiera conectarte con los demás, ese puente sería el de la vulnerabilidad. La vulnerabilidad es una de esas cosas que resulta admirable en los demás, pero que dentro de nosotros se siente como una debilidad que preferiríamos no mostrar.

Esta es una mentira muy poderosa del Enemigo. Si éste puede lograr, en especial como hombre que eres, que camines con una fuerza totalmente independiente, entonces también puede robarte de oportunidades de alegría, empatía, coraje y amor. Puede hasta desconectarte emocionalmente y lograr que sea difícil relacionarte con los demás, incluidos los miembros de tu familia.

A la mayoría de los hombres se les hace creer que la vulnerabilidad no es masculina. Seguramente te enseñaron que ser fuerte significa no demostrar ninguna señal de debilidad. Sin embargo, si te preguntaran qué requiere de más fortaleza: abrirte sobre a qué le temes o poner cara de piedra para simular que no lo temes a nada...

¿cuál sería tu respuesta? La respuesta más común, sin duda, sería compartir a qué le temes.

Si en tu rol de hombre y de padre, simulas no tener ninguna debilidad, hará que las personas que están cerca de ti, incluidos tus hijos, no puedan confiar en tus fortalezas.

Un padre que esté dispuesto a admitir cuando se equivoca, o que no es perfecto, les da permiso a sus hijos para hacer lo mismo. Tus hijos, no importa la edad que tengan, quieren un papá con el que se puedan identificar: un papá que lidia con sus luchas, que comete errores y que lo intenta de nuevo.

Tus hijos necesitan un papá que sepa que él no es completamente autosuficiente, pero que también sepa que no necesita serlo, porque su fuerza siempre provendrá de Dios.

Querido Señor: ayúdame a no ceder ante la visión de la sociedad de que los hombres no deberían ser reales y vulnerables. En cambio, permíteme mostrar mis debilidades con honestidad y libérame de la carga de esconderlas. Recuérdame que no necesito ser perfecto, porque tú lo eres. Amén.

DEVOCIÓN 24

PROTEGERÉ A MIS HIJOS A TODA COSTA

Vigilen; estén firmes en la fe; sean valientes y esfuércense. Todas sus cosas sean hechas con amor.

1 CORINTIOS 16:13-14

Uno de los llamados más nobles y elevados que puede tener un padre es el de protector. Sí, la protección puede manifestarse como un papá sentado en un porche, con una escopeta en el regazo, asegurándose de que los muchachos que quieran tener una cita con su hija sean respetuosos. Pero, más importante aún, puede manifestarse como un papá que ama tan bien a su hija, que ella jamás permitiría que ningún muchacho de carácter menor al de su papi se acercara siquiera al porche.

La protección también puede manifestarse como alguien que modela una fe inquebrantable y un coraje audaz. Incluso ante situaciones duras o que produzcan temor. Cuando tus hijos pueden ver que tienes semejante fe y coraje, aprenderán a hacer lo mismo en sus propias vidas. No sentirán la necesidad de temer cuando la vida se ponga difícil, porque siempre te han visto avanzar con audacia y coraje. Tendrán la confianza de que, al igual que Dios ha sido fiel para ti, también lo será para ellos.

La protección no solo se manifiesta como un caballero de brillante armadura. A veces se trata de proteger a tus hijos de daños físicos. Y otras veces se trata de proteger su futuro equipándolos adecuadamente para que se conviertan en adultos exitosos y sabios.

Pero, más que nada, se trata de protegerlos según cuán bien los ames, cuán bien ames al Señor y cómo reconozcas fielmente que el Señor los ama a cada uno de ustedes. Estar rodeado de amor es un lugar de tremenda seguridad.

A decir verdad, el amor es el mayor protector de todos.

Querido Señor: gracias por ser el máximo protector y por concederme el privilegio de resguardar a mi familia. Rezo por no tomarme ese llamado a la ligera y para protegerlos de todas las maneras posibles. Mantenme cerca de ti para poder seguir siendo fuerte, valiente y estar lleno de fe. Amén.

DEVOCIÓN 25

SOY UN REFUGIO PARA MIS HIJOS

El que habita al abrigo del Altísimo morará bajo la sombra del Todopoderoso. Diré yo al SEÑOR: «¡Refugio mío y castillo mío, mi Dios en quien confío!».

SALMOS 91:1-2

Si, de niño, alguna vez jugaste en tu vecindario a las escondidas o al juego del fantasma en el cementerio, entonces conoces cuál es la mejor estrategia a la hora de esconderte: buscas lugares donde estés completamente oculto.

Una noche, uno de los niños del vecindario llamado Jeff, jugaba a las escondidas. El niño que debía buscar estaba contando, y Jeff corría para encontrar un lugar donde esconderse. Cuando el que buscaba terminó de contar, Jeff entró en pánico, subió por una escalera y se trepó al techo de un cobertizo. Pronto se dio cuenta de que el techo del cobertizo, sobre el que se había arrodillado, estaba a la intemperie bajo un cielo alumbrado por la luna.

No le tomó demasiado tiempo al cazador encontrar al cazado. Desesperado por permanecer a salvo, Jeff saltó del techo... y se fracturó un brazo.

No solo no lo había resguardado su escondite, sino que lo había puesto en peligro.

Al igual que Dios es tu refugio, tu escondite cuando necesitas cobijo, en tu rol de padre tú puedes proveerles la misma seguridad a tus propios hijos. Cuando necesitan un lugar donde esconderse de la vida, hacer una pausa y simplemente sentirse seguros por un rato, ¿saben tus hijos que siempre pueden acudir a ti?

No importa la edad tus hijos, siempre ansiarán encontrar seguridad en ti por ser su papá. Cuanto más puedan depender de tu refugio, más fácil les resultará aprender a depender de Dios.

Querido Señor: gracias por ser un lugar seguro al que puedo acudir siempre que te necesite. Ayúdame a brindarles ese mismo refugio a mis propios hijos. Que yo sea el padre que brinda seguridad y el padre que saben que los protegerá. Amén.

DEVOCIÓN 26

LES MOSTRARÉ A MIS HIJOS UN EJEMPLO DE HOMBRÍA REAL Y BÍBLICA

Pero tú, oh hombre de Dios, huye de estas cosas y sigue la justicia, la piedad, la fe, el amor, la perseverancia, la mansedumbre.

1 TIMOTEO 6:11

La sociedad tiene una idea muy equivocada sobre la masculinidad. Algunos creen que para ser un hombre debes ser fuerte, tener todo bajo control y evitar las emociones. Creen que el hombre debe ejercer el control sobre la mujer por ser el género superior. También creen que las esposas no deberían trabajar y que los hombres deberían dejar todas las cuestiones de la crianza y la limpieza de la casa a la mujer.

Y, por desgracia, los hombres cristianos como nosotros solemos seguir esta norma social.

Mientras que el punto de vista de la sociedad aparece como varonil y rudo, las Escrituras revelan que requiere de mucha más rudeza ser lo que Dios considera un hombre piadoso.

A través del apóstol Pablo, el Señor dice que los hombres de Dios deben alejarse de las cosas e ideas malvadas. Cosas como la búsqueda de dinero, la pornografía, cualquier otra cosa que cause adicción o hasta la idea de la superioridad masculina, por nombrar solo algunas.

También dice que persigamos la virtud y la vida piadosa. Ser un hombre es ser firme en tu fe, es erguirte con fortaleza cuando el mundo te dice que desistas. Es amar bien, y eso incluye una constante demostración de tus emociones y de actos de cariño hacia tu familia. Así es, la demostración de ternura es parte de ser un hombre piadoso.

Cuando el mundo les grita mentiras sobre la masculinidad a tus hijos, es importante que vean tus actos y oigan salir de tu boca la verdad. No querrás que tu hijo se convierta en ese tipo de hombre, ni que tu hija se case con alguien así.

Ser un verdadero hombre lleno de fuerza es seguir a Dios.

Esa es la definición de masculinidad que realmente necesitan ver tus hijos.

Querido Señor: ayúdame a ignorar cualquier mensaje equivocado que haya recibido del mundo, para poder convertirme en todo lo que necesitas que sea. Gracias por el privilegio de ser la persona a la que acudirán mis hijos en busca de un ejemplo de masculinidad, un ejemplo que tú bendecirás. Amén.

DEVOCIÓN 27

MIS PALABRAS TIENEN MUCHO PODER

Así también la lengua es un miembro pequeño, pero se jacta de grandes cosas. ¡Miren cómo un fuego tan pequeño incendia un bosque tan grande!

SANTIAGO 3:5

Cuando mi esposa, Jamie, era una pequeña niña prendió fuego al baño de sus padres. Y todo comenzó con una pequeña chispa.

Siendo una niña muy curiosa, un día se preguntó qué ocurriría si usaba un encendedor sobre una hoja de papel en donde le había hecho un dibujo a su madre. Como se imaginarán, el papel se empezó a encender, y al poco tiempo, las llamas se propagaron hacia una toalla de manos, que se luego se expandió hacia el empapelado de la pared; y así siguió... hasta que no hubo más baño.

De igual modo, tal como lo señala el apóstol Santiago, tu lengua, tus palabras, son poderosas. Parecieran ser insignificantes por ser pequeñas, pero algo que sea pequeño no siempre equivale a ser débil. Las palabras pueden ser usadas ya sea para inspirar grandeza o pueden ser usadas para destruir.

Tu lengua puede tener un gran impacto en las vidas de los demás. El modo en que utilizas tus palabras realmente importa.

Cuando lanzas palabras de frustración contra tus hijos, como «¿Cuál es tu problema? ¿Por qué no puedes comportarte como una persona normal?», o cuando pierdes la paciencia con tu esposa diciéndole que «es totalmente ridículo que te sientas de esa manera», estás causando un daño. Y no solo en ese momento. Este daño puede penetrar sus corazones y permanecer allí durante largos períodos de tiempo.

Tus palabras también tienen un impacto cuando se las utiliza para el bien. Las palabras que demuestran gratitud por la comida que cocinaron para ti, o las palabras de elogio que dicen que estás orgulloso del carácter o de las decisiones de tu hijo. Esas palabras también marcan una diferencia a largo plazo.

No lances palabras indiscriminadamente como si no tuvieran importancia o fueran tan solo momentáneas. Usa tus palabras con intención para el bien.

Querido Señor: gracias por siempre hablar con sabiduría, gracia, perdón, verdad y esperanza. Ruego convertirme en un padre, esposo y hombre que haga lo mismo. Ayúdame a siempre recordar el poder de mis palabras. Amén.

DEVOCIÓN 28

FRACASARÉ Y LO SEGUIRÉ INTENTANDO PARA QUE MIS HIJOS TAMBIÉN PUEDAN HACERLO

...porque tal vez caiga el justo siete veces, pero otras tantas volverá a levantarse; en cambio, los impíos caerán en desgracia.

PROVERBIOS 24:16 (RVC)

¿Te divierte resolver problemas? A la mayoría de los hombres parece divertirles. Es genial presentarse como el héroe de la situación o como el hombre que tiene un plan claro.

¿Pero qué hay de aquellas veces en las que no puedes resolver el problema, o no sabes cuál es la respuesta, o —en el peor de los casos— lo intentas, pero te equivocas?

El temor al fracaso lleva a muchos hombres a evitar lo que sea que Dios los esté llamando a ser. Una típica respuesta a un fracaso inicial es rendirse y enojarse.

Por supuesto, a nadie le gusta fracasar. Pero en el caso de los hombres parece haber un temor mucho mayor en este aspecto, razón por la cual esas respuestas parecen tan extremas.

Para muchos hombres el fracaso equivale a la incompetencia. Pero la gran pregunta es: ¿acaso es eso verdad? ¿Le dirías a tu hijo que es «incompetente» porque se le acaba de caer por tercera vez el Lego que está armando? ¿Y a tu hija adolescente que está aprendiendo a manejar y que no sabe cómo estacionar en paralelo? ¡Claro que no! Lo que probablemente le dirías es: «Cariño, simplemente sigue practicando» o, «Hijo, está bien. Estás aprendiendo».

¿Es que no eres tú digno de la misma gracia y el mismo aliento que les brindas a ellos?

Por mucho que puedas odiar el fracaso, necesitas una perspectiva apropiada al respecto. El fracaso no equivale a incompetencia. Solo significa que fracasaste *esta* vez.

Como creyente, levántate... siete veces más si hace falta. Fracasa hacia delante. Síguelo intentando. Esa es la lección que tus hijos necesitan ver de ti.

Querido Señor: eres un Dios de segundas oportunidades con quien todo es posible. Quítame todo temor al fracaso y ayúdame a recordar que mis fracasos son oportunidades para tu redención y para mi propio crecimiento personal. Ayúdame a modelar bien esto para mis hijos. Amén.

DEVOCIÓN 29

SOLO LO DIRÉ SI REALMENTE LO CREO

Pero sea su hablar, «sí», «sí», y «no», «no». Porque lo que va más allá de esto, procede del mal.

MATEO 5:37

Es hora de confesarme. Yo solía mentirle a mi esposa. Mucho. De hecho, solía creer que mis mentiras la beneficiaban porque a menudo evitaban peleas o hacían que las cosas fueran más fáciles.

No importaba qué era lo que me pedía hacer para ayudar, mi respuesta casi siempre era sí. Decirle que sí la hacía feliz a ella y también hacía que mi vida fuera más fácil. Después de todo, por lo general yo tenía la intención de realizar las tareas que me pedía... llegado el momento adecuado. Así que asumí que esas mentiritas piadosas no le harían mal a nadie.

Estaba equivocado. Lo que estaba haciendo era ser sumamente egoísta. Estaba haciendo lo que era más fácil para mí, que básicamente significaba dejar todo para más adelante y lidiar con ello más tarde. Estaba diciendo que sí a la tarea que ella quería que hiciera, cuando sabía muy bien que no tendría el tiempo para hacerla.

Mis mentiras con el tiempo erosionaron su confianza en mí.

Si dices que sí cuando en realidad sabes que es un no, a la larga simplemente es una mentira. Tu «no» honesto podría hacer enojar a tu esposa, pero al fin y al cabo sabrá que la respetas lo suficiente como para decirle la verdad, incluso cuando es difícil.

Si quieres que la gente, en especial tu familia, confíe en ti, debes ser un hombre que hace lo que dice que hará. Si no puedes cumplir con un pedido, simplemente di: «No, pero lo haré, y te diré cuándo podré hacerlo».

Respeta a tu familia y respétate a ti mismo lo suficiente como para decir lo que crees y creer lo que dices.

Querido Señor: gracias por ser un Dios de verdades que siempre dice lo que cree. Ayúdame a ser un hombre cuyas palabras se condicen con sus actos. Permite que aquellos a quienes amo sepan que siempre pueden depender de mi honestidad. Amén.

DEVOCIÓN 30

PROVOCAR IRA EN MIS HIJOS NO FUNCIONA

Y ustedes, padres, no provoquen a ira a sus hijos, sino críenlos en la disciplina y la instrucción del Señor.

EFESIOS 6:4

Nuestra hija mayor solía hacer deportes, algunos mixtos y otros solo con niñas. Nos encantaba ir a sus partidos. Pero nunca faltaban los padres en las bandas laterales del campo de juego o en las gradas que hacían de «entrenadores» de sus hijos a viva voz durante los partidos. Los padres gritaban: «¿Qué haces? ¡No quites los ojos del balón!» o, «¿Cuál es tu problema? ¡Batea!».

Otros «padres-entrenadores» daban discursos postpartido: «Bien hecho. Pero la próximavez, necesitas... ».

Los verdaderos entrenadores se frustraban con estos padres de las bandas laterales. Los niños de los padres también. Se lo veía claramente en sus caras.

¿Cuándo fue la última vez que el temor, la vergüenza o la humillación fueron motivadores positivos en tu vida? Seguramente nunca. En Efesios les dicen a los padres que no provoquen la ira de sus hijos. Eso significa no herirlos, humillarlos o hacerlos temer al punto de la exasperación.

Cuando los niños sienten los efectos de esas acciones, no hace más que desalentarlos. Tal vez seas capaz de modificar su comportamiento, pero no impactarás en sus corazones para la gloria de Dios. En última instancia, un niño desanimado que siente que nunca es lo suficientemente bueno suele ser un niño que deja de intentarlo.

Papá, elije ser una voz de aliento y guía para tus hijos. Cuando cometan un error, en vez de ser un crítico desde las bandas laterales, enséñales con paciencia. Y asegúrate de disciplinarlos en las maneras de Dios.

Hay poder en tus palabras. No olvides cuánto poder tienen.

Querido Señor: gracias por no reprenderme cuando cometo errores o incluso cuando tomo malas decisiones sabiendo que lo hago. Tu Palabra me alienta y corrige, siempre dicha con amor y cariño para guiarme hacia lo que más me conviene. Ayúdame a ser el mismo tipo de padre que eres tú. Amén.

DEVOCIÓN 31

DIOS ME HA DADO LA CAPACIDAD PARA EL AUTOCONTROL

No les ha sobrevenido ninguna tentación que no sea humana; pero fiel es Dios, quien no los dejará ser tentados más de lo que ustedes pueden soportar, sino que juntamente con la tentación dará la salida, para que la puedan resistir.

1 CORINTIOS 10:13

Como sucede con todos los cristianos, vives en un mundo en el que a menudo luchas con tentaciones: intentar mantener el autocontrol cuando lees un comentario en las redes sociales, eliminar correos electrónicos que te tientan con imágenes que no tienes por qué andar mirando o hasta controlar tu temperamento cuando uno de tus hijos hace algo tan ridículo que parece haber echado por la borda todo rastro de sentido común.

Hay días en los que el autocontrol pareciera ser imposible. Pero con Dios, siempre es posible.

Aunque vivimos en otra era, Dios sin duda sabía a qué nos enfrentaríamos hoy cuando le dio aliento a las Escrituras hace tiempo. Y hasta dijo que estas tentaciones no son diferentes a ninguna que hayan sufrido otras personas en el pasado.

Cuando vives como un papá piadoso y controlado, estás creando un ambiente en tu hogar que está repleto de seguridad. Es un hogar en el que todos pueden vivir con libertad, conscientes de que no habrá ningún exabrupto cuando se cometan errores y que no habrá que andar de puntillas para intentar no decir o hacer algo incorrecto.

Es el hogar que todo hijo —joven o mayor, biológico, hijastro o adoptado— necesita y se merece. Y tú, papá, tienes el autocontrol que te ha otorgado Dios. Porque Dios dice que lo tienes.

Ser testigos de tu autocontrol tiene el poder de ayudar a tus hijos a que ellos también desarrollen esa habilidad y, en consecuencia, a tener vidas menos estresantes y más tolerables.

Querido Señor: gracias por el don del autocontrol. Cuando se me interpongan tentaciones, del tipo que sean, recuérdame que tengo ese don. Tú sabes exactamente cuáles son las tentaciones con las que lucho, Señor. Te ruego que continúes convirtiéndome en un hombre piadoso y controlado. Amén.

CRIAR HIJOS DE FE

DEVOCIÓN 32

SOY UN LÍDER ESPIRITUAL

Sean ustedes imitadores de mí; así como yo lo soy de Cristo.

1 CORINTIOS 11:1

Ser el líder espiritual de tu familia puede resultar intimidante. Pero no tiene por qué serlo. Pablo resume el rol en su carta a la iglesia de Corinto cuando básicamente dice: «Síganme a mí porque yo sigo a Jesús». Este es un claro ejemplo de que «simple» no siempre quiere decir «fácil». Pero, de todos modos, es así de simple.

Cuando piensas en liderazgo, ¿piensas en un hombre fuerte y audaz con una actitud decidida? ¿O piensas en alguien que simplemente está dispuesto a ir al frente primero? Si eres como la mayoría de los hombres, seguramente pienses en la primera opción más que en la segunda. Y, es por eso, que el liderazgo espiritual puede parecer tan intimidante.

¿Qué hace un hombre que sigue a Jesús? Reserva un momento del día para dedicarlo a la Biblia y a la oración, y así priorizar su camino con Dios. También pone las necesidades de su familia por sobre las propias, en la mayoría de los casos. Un líder espiritual que imita a Jesús es un hombre de integridad y de una fe inquebrantable.

No hace falta que tengas un conjunto de habilidades o una personalidad en particular. No hace falta que seas como un sargento que entrena a su tropa para ir a la guerra. Puedes ser humilde. Incluso puedes saber menos de las Escrituras que tu pareja.

Dios te está equipando para que te conviertas en un líder espiritual. Pasa tiempo con Él a diario y síguelo. Y recuerda, simplemente seguir a Jesús y su sabiduría es todo lo que necesitas para ser un líder espiritual.

Querido Señor: gracias por hacer que el liderazgo espiritual sea tan simple. Ayúdame a convertirme en un hombre que tiene un corazón para ti y el deseo de estar en tu presencia a través de la Biblia y del tiempo dedicado a la oración. Guíame para poder ser un ejemplo de ti que mi familia pueda seguir. Amén.

DEVOCIÓN 33

ESTOY CRIANDO A MIS HIJOS PARA UN PROPÓSITO

Como flechas en la mano del valiente, así son los hijos que se tienen en la juventud. Bienaventurado el hombre que llena de ellos su aljaba. No se avergonzarán aunque hablen con los enemigos en el tribunal.

SALMO 127:4-5

La crianza de los hijos se parece mucho al tiro al blanco, con la diferencia de que el blanco no es un gran círculo rojo y de que tus flechas no son flechas comunes. El blanco al que apuntas es el centro de la voluntad de Dios. Y esas flechas que lanzas serán tus hijos.

¡Imagínate la presión para tener buena puntería!

La paternidad es una misión urgente. Te dan un número limitado de años para afilar tus flechas antes de lanzarlas. Es importante que uses ese tiempo sabiamente, afilándolas y enderezando cualquier torcedura. Si las flechas están torcidas o desafiladas, es muy probable que caigan en cualquier lado menos en tu blanco.

Como padre, es importante que prepares tus flechas deliberadamente para que permanezcan en el centro de la voluntad de Dios mediante la enseñanza de lo que significa rezar, rendirse ante el Señor, escucharlo y seguirlo.

Pero puedes quitarte presión de encima sabiendo de antemano que no lo harás a la perfección. Nunca serás capaz de preparar una flecha perfectamente afilada y recta tú solo. El Señor también quiere enderezar y afilar a su modo. Además, él es el único que sabe dónde se encuentra el verdadero blanco para tus hijos.

Por el resto de sus vidas, siempre podrás ayudar a arreglar cualquier torcedura o pliegue, y siempre podrás ayudar a afilar cualquier punta desafilada, simplemente dependiendo de cuán bien modeles tu propia búsqueda de Cristo.

Tu mejor herramienta para afilar siempre será la Palabra de Dios. Asegúrate de usarla a menudo.

Querido Señor: ruego no tomarme mi rol como padre a la ligera y no desanimarme cuando se me dificulte. Ayúdame a dirigir continuamente a mis hijos hacia el blanco de la voluntad de Dios. Usa mi vida para ayudar a afilar las de ellos. Amén.

DEVOCIÓN 34

NO SOY UN BUEN SUSTITUTO PARA DIOS

«La paz les dejo, mi paz les doy; yo no la doy como el mundo la da. No dejen que su corazón se turbe y tenga miedo».

JUAN 14:27 (RVC)

A la mayoría de los hombres les gusta sentirse necesitados, en especial por aquellos que ellos aman. Se siente increíble que tu esposa e hijos te pongan en un pedestal.

El desafío está en asegurarte de que tu familia, que te ve en ese pedestal, sepa que no debe detenerse allí. No importa cuánto quieras que te admiren o que acudan a ti cuando necesiten ayuda o apoyo, solo Dios puede cubrir verdaderamente toda necesidad que ellos tengan.

Es importante enseñarles esto a tus hijos. El gesto más amoroso que puede tener un padre es desviar la mirada de su familia más allá de ellos y hacia Dios. Él es el que puede brindar paz, fuerza, sabiduría y propósito.

Como simple mortal, solo tienes una cantidad limitada de energía y sabiduría. Tus baterías se agotan, tal vez te quede poca paciencia y simplemente no puedes proveer todo lo que provee Dios, ni siquiera en tu mejor día.

No te ofendas, pero la verdad es que, si tu familia solo recurre a ti para todo lo que necesita, se va a desilusionar. Simplemente no puedes ocupar el lugar de Dios.

Por mucho que quieras cubrir todas las necesidades de tu familia, no es tu trabajo hacerlo. Quítate algo de presión; solo Dios puede ser Dios. Tú solamente tienes que estar allí todos los días y convertirte en el mejor reflejo de quien es Él.

Ama con su amor, y asegúrate de que tu familia sepa que es Él quien está detrás de ti, completamente listo para proveer todo lo que haga falta. Esto brinda tranquilidad y paz a su corazón.

Querido Señor: solo tú eres el verdadero Dios. Ayúdame a recordar que mi posición siempre será detrás de ti y que no necesito ser el único recurso para mi familia. Que el modo en que lidero, amo y cubro sus necesidades siempre los oriente hacia ti. Amén.

DEVOCIÓN 35

LES ENSEÑARÉ A MIS HIJOS A APOYARSE EN DIOS A TRAVÉS DE LA ORACIÓN

«Clama a mí, y te responderé; y te revelaré cosas grandes e inaccesibles que tú no conoces».

JEREMÍAS 33:3

Existe un libro, hecho en broma, que dice estar lleno de todo lo que los hombres saben acerca de las mujeres. Cuando lo abres, las páginas están en blanco.

Sin duda es gracioso admitir que los hombres no saben demasiado sobre las mujeres. Pero no lo es tanto cuando, en realidad, muchos hombres sienten que tampoco saben demasiado acerca de tantas otras cosas: como lo es ser un padre, guiar a una familia, convertirse en hombre de Dios o hasta rezar por la familia.

Lo cierto es que no se supone que debes saberlo todo. No se espera que seas el experto de todo. De eso se ocupa Dios. Pero lo que es increíble es que tienes acceso directo con aquel que sí lo sabe todo. Y aunque Él no compartirá todo contigo, hay algunos secretos extraordinarios —cosas que no sabes— que Él revelará. Solo debes preguntar.

Dios quiere que acudas a Él y confíes. Quiere que compartas tus debilidades, tus luchas y tus deseos para ti, tu familia y tus hijos. Quiere que hagas preguntas, porque te diseñó para que te apoyes en Él.

Ser un hombre que reza es ser un hombre que conoce sus límites, que busca sabiduría y que modela para sus hijos lo qué significa seguir al Señor con humildad.

La oración no debe ser excesivamente complicada, ampulosa, ni estar espiritualizada por demás. Simplemente debe consistir en ser un hijo de Dios sentado y conversando de manera honesta con su Padre, dependiendo de Él.

Aprende a rezar así. Luego enséñales a tus hijos cómo hacerlo.

Querido Señor: estoy tan agradecido de que te hayas puesto a mi disposición en todo momento. Admito no tener todas las respuestas, pero confío en que tú sí las tienes. Ayúdame a modelar cómo rezo y me apoyo en tu guía para que mis hijos hagan lo mismo. Amén.

DEVOCIÓN 36

MI INTEGRIDAD IMPORTA PARA QUIENES ME RODEAN

...mostrándote en todo como ejemplo de buenas obras. Demuestra en tu enseñanza integridad, seriedad y palabra sana e irreprensible para que el que se nos oponga se avergüence no teniendo nada malo que decir de ninguno de nosotros.

TITO 2:7-8

Imagina que sales a cenar con unos compañeros de trabajo. Cuando miras la cuenta notas que se olvidaron de incluir tu comida. ¿Qué haces? ¿Justificas en tu cabeza que es un problema del restaurante porque ellos cometieron el error? ¿O les avisas lo que ocurrió para que lo arreglen?

El hombre promedio podría estar tentado a no pagar por su comida. Pero, como hombre de Dios, no estás llamado a ser tan solo un hombre promedio. Se te ha instruido para ser un hombre de buenas obras como ejemplo a los demás.

Tu esposa, hijos, amigos y hasta compañeros de trabajo te observan y notan si vives o no con integridad. Tus elecciones en cuanto a lo que dices y haces, incluso con respecto a algo al parecer insignificante como pagar por una hamburguesa que olvidaron incluir en la cuenta de un restaurante, refleja la imagen de Dios de la que es testigo la gente.

En este pasaje de su carta a Tito, Pablo no estaba simplemente recordándole a Tito que debía ser un buen maestro que actúa de forma honesta, aunque eso indudablemente es importante en el ministerio. Le estaba recordando que debía tomarse muy en serio su posición como representante de Cristo. Le estaba recordando el panorama completo: su ejemplo importaba porque lo estaban observando los demás.

Como seguidor de Cristo, cuando vives una vida íntegra, no das lugar a que nadie critique ni al Señor ni a ti. Tómate en serio tu integridad. Asegúrate de que tus palabras y tus actos reflejen a Jesús, que siempre hacía (y hace) lo correcto.

Querido Señor: me has llamado a que te siga y quiero representarte bien. Cuando me vea tentado a no estar a la altura de las circunstancias, ayúdame a ser un hombre íntegro, a mostrarles a mis hijos que tengo una personalidad fuerte y, más importante aún, ayúdame a mostrarles que eres bueno. Amén.

DEVOCIÓN 37

MI MATRIMONIO ES MI MEJOR HERRAMIENTA PARA LA CRIANZA DE MIS HIJOS

Instruye al niño en su camino; y aun cuando sea viejo no se apartará de él.

PROVERBIOS 22:6

Los dos mandamientos más importantes que el Señor les da a los creyentes es amarlo a Él y amar a los demás. Las relaciones son inmensamente importantes para Dios. Jesús sacrificó su vida para recomponer nuestra relación con el Padre. También nos llama a amar a la gente tan bien, que verán que somos hijos de Dios y, de ese modo, ellos también se sentirán atraídos por Él.

Cómo te presentas en tus relaciones tiene como propósito ser testigo del amor de Dios.

Sin importar qué edad tengan, tus hijos tienen asientos en primera fila en tu matrimonio. Tu relación con su madre les está enseñando cómo no desviarse del camino del mayor mandamiento de Dios: amarlo a Él y amar a los demás.

Aunque seas un padrastro o un hombre divorciado y soltero, tus hijos observan cómo tratas a los demás, en especial a la gente más cercana en tu vida, como su mamá o la esposa con la que estás casado ahora.

El modo en que les hablas a estas mujeres, cómo las tratas y estás disponible para ellas se vuelca en la vida de tus hijos. En general se capta por tus acciones más de lo que se enseña con tus palabras. Cuando eres bondadoso, controlado, paciente y amoroso con su mamá, les estás enseñando a tus hijos a vivir de ese modo. Están aprendiendo aptitudes fundamentales sobre las relaciones —aptitudes que le son importantes a Dios— con tan solo ver cómo vives tu matrimonio.

Tu matrimonio está plantando semillas en tus hijos, ya sean semillas de soberbia, egoísmo e impaciencia o semillas de integridad, confianza y amor sacrificado. Tu matrimonio es tu mejor herramienta para la crianza de tus hijos. Te cuidado con cómo la utilizas.

Querido Señor: me has dado el ejemplo máximo de lo que es el amor sacrificado. Ayúdame a ser un esposo que ama a su esposa tan bien como tú me has amado a mí. Usa mi matrimonio para que mis hijos no se desvíen del camino que tienes para ellos. Amén.

BUENA SALUD Y HOMBRE-COLOGÍA

DEVOCIÓN 38

MI SALUD LE IMPORTA A MI FAMILIA Y LE IMPORTA A DIOS

¿O no saben que su cuerpo es templo del Espíritu Santo, que mora en ustedes, el cual tienen de Dios, y que no son de ustedes? Pues han sido comprados por precio. Por tanto, glorifiquen a Dios en su cuerpo.

1 CORINTIOS 6:19-20

Los hombres deberían honrar al Señor con su cuerpo de varias maneras. El ejercicio, las elecciones de comida y las visitas médicas de rutina están sin duda en la lista. Muchos hombres hacen un buen trabajo para mantener su cuerpo físico en forma. Pero a muchos se les hace difícil.

Parte de esa dificultad radica en el cansancio del trabajo, la falta de motivación y, desgraciadamente, en la gula y el temor. El temor surge cuando bajar de peso y adoptar hábitos saludables significa que deberás tener una vara un poco más alta en cuanto a las expectativas que tienes de ti mismo y simplemente no estás seguro de poder alcanzarla de manera continua. Es como si, al obtener al menos un poquito de éxito cada vez, podría convertirse en más oportunidades para fracasar.

No es difícil empezar a dedicarle tiempo a la actividad física o a disminuir la frecuencia de visitas por restaurantes de comidas rápidas. Pero cuando estás tan agotado y abrumado por el estrés que tu único escape es la comida chatarra... ahí es cuando honrar a Dios con tu cuerpo se convierte en un desafío.

Y cuando evitas consultar a médicos por problemas o para realizarte chequeos de rutina, la negación puede sentirse como la felicidad absoluta, pero no lo es. Lo cierto es que tienes una responsabilidad para con tu familia: estar ahí presente para cuidarla... en lugar de hacerla pasar por un posible estrés o dolor a causa de tu terquedad.

Les debes a tu familia, a Dios y hasta a ti mismo la mejor versión de ti.

Así que, encuentra tus comidas saludables favoritas, busca algún tipo de ejercicio del que disfrutes y pueda funcionar en tu vida, y haz la cita para ese chequeo anual. Jesús pagó el precio máximo por ese cuerpo que tienes. Ahora depende de ti cuidarlo.

Querido Señor: gracias por el don de mi cuerpo físico
y por darme la libertad de elegir lo que pongo en él
y lo que hago con él. Ayúdame a tomar decisiones
que te honren a ti y a mi familia. Amén.

DEVOCIÓN 39

MIS HÁBITOS DIARIOS CREAN MI CAMINO EN LA VIDA

Estén siempre gozosos. Oren sin cesar. Den gracias en todo, porque esta es la voluntad de Dios para ustedes en Cristo Jesús.

1 TESALONICENSES 5:16-18

Tal vez hayas pensado en esto, o tal vez no, pero tienes una rutina diaria. Quizá te levantas, te tomas un café, rezas, lees las noticias, abrazas a tu familia y sales de la casa. Luego, cuando estás en el carro, escuchas un pódcast o tu música favorita y conduces por el mismo camino hacia el trabajo todos los días. Eso es una rutina.

El problema es que muchas de nuestras rutinas y hábitos diarios son cosas de las que ni siquiera nos damos cuenta. Y, sin embargo, esas pequeñas cosas que elegimos hacer a diario son las que más moldean nuestras vidas.

Tus hábitos diarios importan.

Las Escrituras revelan hábitos diarios que bendecirán tu vida y la mantendrán en el camino correcto. A diario puedes decidir elegir la alegría, hacer de la oración tu respuesta y ser agradecido, incluso cuando las cosas no salen como querrías.

Por otro lado, podrías elegir vivir de forma penosa, intentar controlar todo lo que ocurre y quejarte hasta sobre lo más insignificante.

El camino que elijas determinará el resultado de tu día.

Porque perteneces a Cristo Jesús, sé intencional sobre cómo pasas tu tiempo. No andes por la vida de manera mecánica. Evalúa tu rutina diaria y decide qué debe permanecer, eliminarse o agregarse.

Sobre todo, comienza cada día con Él. Él sabe que es lo mejor para ti. Permítele que te llene y te guíe por el camino que tiene planeado para ti.

Querido Señor: gracias por querer lo que es mejor para mí y por tener un plan específicamente diseñado para mi vida. Ayúdame a acudir a ti y a lo que tienes para mí cada día. Infunde en mí buenos hábitos, sanos, que produzcan longevidad en mi vida y propósito en tu reino. Amén.

DEVOCIÓN 40

NO SIEMPRE NECESITO TRABAJAR TANTO

En vano se levantan de madrugada y van
tarde a reposar comiendo el pan con dolor;
porque a su amado dará Dios el sueño.

SALMOS 127:2

Jackson tenía cuarenta y dos años y estaba en el apogeo de su carrera. Era socialmente exitoso. Tenía dinero, influencia, estatus y muchos empleados. Pero lo que no tenía era equilibrio.

Muchas noches, su familia cenaba sin él y su esposa se iba a la cama sola. Jackson estaba absorto con perseguir el sueño americano durante largas horas de trabajo, todos los días. Al punto de casi sacrificar su salud y a su familia.

La sociedad te impone su agenda para que logres más y más. El Enemigo también hace fuerza para mantenerte ocupado y separado de la gente más importante de tu vida. Pero Dios, aunque te llama a trabajar, proveer y relacionarte con tu familia, también pretende que encuentres un equilibrio entre esas actividades y el descanso.

Cuando sigues la idea que la sociedad tiene del descanso, trabajarás sin parar toda la semana y luego colapsarás el fin de semana para luego levantarte el lunes y hacerlo todo de nuevo. Tu trabajo crea la necesidad de descanso.

Sin embargo, cuando sigues el diseño de Dios, tu descanso crea la habilidad para trabajar. Se supone que el descanso debe ser combustible reparador. Debería ser el lugar desde el que te lanzas, no en el que colapsas.

Si continúas trabajando hasta desfallecer, terminarás siendo incapaz de levantarte. Actúa con intención al apagar tu teléfono, ignorar tus correos electrónicos y no responder a clientes después del horario de trabajo. Encuentra un equilibrio entre las necesidades del trabajo y las de tu familia, tu mente y tu cuerpo.

Tómate el descanso necesario que brinda Dios.

Querido Señor: sabes lo mucho que me puedo cansar
y cuánto necesito descansar y reponer mis energías.
Gracias por no solo darme permiso para descansar,
sino también por brindarme ese descanso. Ayúdame
a encontrar el equilibrio entre el tiempo que le dedico
al trabajo y el tiempo que paso en casa. Amén.

DEVOCIÓN 41

LA HUMILDAD ME MANTIENE EN EL CAMINO CORRECTO

Bueno y recto es el SEÑOR; por eso él enseñará a los pecadores el camino. Encaminará a los humildes en la justicia y enseñará a los humildes su camino. Todas las sendas del SEÑOR son misericordia y verdad para con los que guardan su pacto y sus testimonios.

SALMOS 25:8-10

Asumámoslo: la humildad es difícil. Requiere que admitas cuando estás equivocado, que pidas perdón o ayuda. Ninguna de esas cosas suena atractiva, especialmente para los hombres. ¿Que Dios te posicione como protector, proveedor y líder, y luego te pida que admitas que tal vez no sabes lo que haces? Parece como una gran trampa.

Nadie quiere admitir sus defectos.

Pero lo que Dios dice en este salmo es que Él aparece en esos momentos en que tú muestras humildad. Está más que dispuesto a guiarte hacia donde debes ir, pero, para hacerlo, te pide que primero admitas que has ido en la dirección equivocada o que no tienes idea de adónde te diriges.

Durante años, Alec nunca se hizo cargo de nada de lo que hacía mal y culpaba constantemente a su esposa por todos sus problemas. Luego de años de tolerar su soberbia, finalmente ella se hartó y se marchó. Él perdió el respeto de sus hijos y luego, ya estando en su segundo matrimonio, empezó a ocurrir exactamente lo mismo otra vez.

La soberbia siempre lleva a un camino de destrucción.

La humildad es donde se encuentra el honor.

Llevar un inventario de uno mismo puede ser un desafío, pero es precisamente eso lo que más beneficiará a tu familia. Sé un esposo y padre humilde que esté dispuesto a equivocarse y a ser corregido por Dios.

No solo los beneficiará a ti y a tu familia, sino que también beneficiará a todos los que te rodean.

Querido Señor: es realmente difícil ser humilde. Necesito tu ayuda para serlo. No quiero ser soberbio y actuar como si siempre tuviera la razón o siempre supiera lo que hago. Ayúdame a guiar a mi familia con humildad y no con arrogancia. Amén.

DEVOCIÓN 42

LA IRA NO SIEMPRE QUIERE DECIR QUE ESTOY ENFADADO

El que tarda en airarse tiene mucho entendimiento, pero el de espíritu apresurado hace resaltar la insensatez.

PROVERBIOS 14:29

En nuestro rol de consejeros, siempre tenemos una *rueda de sentimientos* expuesta sobre la pared de nuestra oficina. Esta rueda de sentimientos (o rueda de emociones) es una herramienta visual psicológica que organiza las emociones humanas desde básicas a complejas en un círculo. Aunque no lo creas, esta rueda no la tenemos para los niños. La mayoría de las veces la usamos para los hombres con los que trabajamos en el consultorio. Te contamos esto no como una crítica, sino más bien para compartir algo de la normalidad que vemos entre los hombres.

Si la ira es una de tus mayores emociones negativas, hay una razón para que así sea. Significa que probablemente te acostumbraste a elegir una de las emociones más fáciles de experimentar, especialmente como hombre.

El tema es así: cuando sentimos ira nos da la sensación de poder. No requiere de nuestra vulnerabilidad y no requiere que lidiemos con el verdadero problema. A menudo, la ira es secundaria y actúa como una capa protectora para lo que sea que haya debajo.

Siempre que Jonás iba a algún lugar nuevo con su esposa, ella le preguntaba si sabía cómo llegar al destino. Él respondía con un explosivo «¡Por supuesto que sé cómo llegar!», lo cual los sumía inevitablemente en una pelea.

Jonás se enojaba, pero no era necesariamente la pregunta de su esposa lo que lo enojaba, sino lo que lo hacía sentir inepto. Jonás sabía que era totalmente capaz de trasladarse de un punto a otro y, para Jonás, la pregunta de su esposa insinuaba que no lo era.

Cuando tu primera reacción es la ira, es de suma ayuda hacer una pausa y obtener algo de entendimiento preguntándote qué podría estar pasando realmente o que podrías estar sintiendo. Luego, comunica eso en vez de comunicar ira.

Por desgracia, si insistes en siempre recurrir a la ira, tu carácter volátil no hará más que hacerte ver como un tonto.

Querido Señor: tú eres quien nos dio a todos emociones que sentir. Incluso cuando no me gusten, ayúdame a identificarlas y a lidiar con ellas para que la ira no les cause daño a mis relaciones más importantes. Quiero caminar en el entendimiento, no en la tontería. Amén.

DEVOCIÓN 43

NO PERMITIRÉ QUE LA DECEPCIÓN ME CONTROLE

Y sabemos que Dios hace que todas las cosas ayuden para bien a los que lo aman; esto es, a los que son llamados conforme a su propósito.

ROMANOS 8:28

En la vida, a menudo experimentamos la decepción. Cada vez que nuestras expectativas o las cosas que anhelamos no se cumplen, es decepcionante. Algunas de esas decepciones son más grandes que otras.

Tyler y Rebecca, una pareja de recién casados, pasaron un año entero intentando concebir un bebé. Con una prueba negativo tras otro, el panorama se tornó muy desalentador. Todos los meses su esperanza crecía y, sin embargo, todos los meses se decepcionaban.

Tyler comenzó a preguntarse en silencio si él sería el problema. Pronto empezó a sentir que con cada prueba de embarazo que se hacían decepcionaba a su mujer. También sentía como que no podía hacer nada para ayudarla con su dolor. La decepción empezaba a acumularse.

Por lo tanto, empezó a retraerse. Se alejó de ella físicamente y empezaron a distanciarse.

Las decepciones pueden ser especialmente difíciles para los hombres, porque tienden a querer resolver problemas y ser héroes de las situaciones. Pero si no puedes resolver tus decepciones, entonces la pregunta es: ¿qué harás con ellas? ¿Correrás y huirás? ¿Te automedicarás? ¿Arremeterás con todo, esperanzado?

Todas las decepciones requieren de una respuesta. El primer paso para lidiar con la decepción es validar la emoción. Permítete sentirte decepcionado. Dios te dio sentimientos difíciles al igual que te dio los fáciles. No intentes huir de ellos, sino permite que te guíen hacia Él.

Cuando ocurren cosas decepcionantes, tómate un momento para estar triste. Y luego acude al Señor. Él convertirá hasta las cosas dolorosas y decepcionantes en un bien a largo plazo.

Querido Señor: gracias por convertir mi dolor y mi decepción en bien. Ayúdame a manejar el desánimo de tal modo que refleje mi confianza en ti. Mantén mi mente fija en saber que, a través de ti, el bien volverá. Amén.

DEVOCIÓN 44

DEBO APRENDER A ESTAR CÓMODO CON ESTAR INCÓMODO

¿Busco ahora convencer a los hombres, o a Dios? ¿Será que busco agradar a los hombres? Si yo todavía tratara de agradar a los hombres, no sería siervo de Cristo.

GÁLATAS 1:10

Cuando piensas en las tantas características de ser hombre, «pasividad» probablemente no sea la primera palabra que se cruza por tu cabeza. Y, sin embargo, es una descripción común de muchos hombres. Al fin y al cabo, la pasividad es no involucrarse y pasarle la pelota a otra persona. A menudo se basa en la preocupación por lo que pensarán los demás o en evitar la incomodidad personal.

La pasividad se ha dado a lo largo de las Escrituras. Por ejemplo, considera la historia de Amnón, hijo del rey David, que se relata en 2 Samuel 13. Amnón cometió el atroz crimen de violar a la hija de David, Tamar, su propia media hermana. ¿Qué hizo David al respecto? Absolutamente nada. Y como no enfrentó el problema, su otro hijo planeó y ejecutó el asesinato de Amnón por su crimen contra Tamar.

Cabe asumir que David tan solo quería barrer todo esto debajo de la alfombra y dejarlo en el pasado. En el instante que tomó esa decisión, pasó de servir a Dios y su virtud a servirse a sí mismo y a pensar cómo se verían él y su familia ante el público.

Jesús te llama a hacer lo correcto, más allá de tu grado de comodidad o lo que pueda hacer pensar a los demás de ti. A Jesús no le importó que lo vieran con recaudadores de impuestos y pecadores, lo cual podría haber arruinado su reputación. Y ciertamente no temía denunciar el pecado por lo que era. Él no vino a hacer lo que era cómodo. Vino a realizar la obra de su Padre.

Si hay algo difícil que has estado evitando, tal vez este sea el momento de ponerte cómodo con sentirte incómodo. Especialmente si implica hacer lo correcto.

Querido Señor: a veces me llamas a hacer cosas difíciles, tal como lo hizo Jesús. Ayúdame a no ser pasivo cuando se me crucen situaciones o decisiones difíciles. Que siempre pueda recordar que te estoy sirviendo a ti y no a mi comodidad o a los demás. Amén.

DEVOCIÓN 45

ELIJO EL LIDERAZGO POR SOBRE LA PEREZA

Los diligentes dominan a otros; los negligentes son dominados.

PROVERBIOS 12:24 (RVC)

Hay pocas cosas más frustrantes que vivir una vida que no quieres y sentirte atrapado en ella. Proverbios dice que esto ocurre cuando te empecinas en la pereza. ¿Y cuál es el problema con la pereza? Engendra más pereza y muy pronto eres su esclavo.

Kelvin trabajaba duro cuarenta horas a la semana. Se levantaba temprano, iba al gimnasio y luego se dirigía al trabajo. Por las noches regresaba a su casa, jugaba con su hijito y ayudaba a su esposa con la rutina nocturna de su niño. Su vida tenía un buen ritmo. Era un gran esposo y un padre activo.

Luego de unos años y de tener un par de hijos más, se encontró en otra realidad: con un trabajo muy estresante y con una necesidad constante de tomarse un respiro. Al poco tiempo, Kelvin comenzó a poner excusas para no levantarse temprano e ir al gimnasio. También empezó a sentir que tenía derechos especiales por trabajar tan duro: creía que se merecía llegar a casa y simplemente relajarse. Los nuevos hábitos de Kelvin consistían en dormir hasta más tarde y ya no ser el esposo servicial y el padre activo.

Kelvin, al igual que tantos otros, cayó preso de una mentalidad perezosa y por ello de un estilo de vida perezoso. Una vez que les dio cabida a las justificaciones y a otros hábitos, estos comenzaron a controlarlo a él.

La vida puede ponerse difícil, pero la pereza nunca ayudará. A veces lo que se requiere es hacer cosas que no quieres hacer para poder tener una vida más sana.

Si tienes una vida de la que quieres escapar, trabaja para crear una vida que tú y tu familia disfruten y amen.

Querido Señor: no me creaste para que sea perezoso. Desde un principio llamaste a que la gente trabaje, como una manera de bendecirlos. Quiero vivir una vida activa y laboriosa, no una vida perezosa. Ayúdame a hacer bien todo el trabajo que has puesto ante mí. Amén.

DEVOCIÓN 46

ME NIEGO A QUE LAS TENTACIONES GUÍEN MI VIDA

Pero cada uno es tentado cuando es arrastrado y seducido por su propia pasión. Luego esa pasión, después de haber concebido, da a luz el pecado; y el pecado, una vez llevado a cabo, engendra la muerte.

SANTIAGO 1:14-15

Cuando en el mundo de un hombre surge el tema de la tentación, el primer pensamiento probablemente se relacione con la pornografía. Parece ser una de las mayores tentaciones que aqueja a los hombres hoy en día. Hace muchos años, debías esforzarte y esconderte para encontrarla. Pero ahora, te persigue por el teléfono, por los correos electrónicos o por las redes sociales. Pero no tiene por qué seducirte.

Dios te otorgó el control sobre tu carne y no a la inversa. Tú eres quien controla lo que ingresa en tu mente y en tu corazón. Esto es válido para todas las cosas, no solo la pornografía.

Cuando eres tentado para que el pecado, en cualquier forma, te seduzca, estás siempre a una acción tanto de tener el control como de mantenerlo. La elección de cerrar tu computadora portátil, dejar el teléfono, decir que no o alejarte está siempre en tus manos.

Resistirte a ser seducido por tus propios deseos te pone en la minoría hoy en día. Muchos hombres miran pornografía, pero tú eres llamado a ser mejor que eso. Este es el desafío: ¿estás dispuesto a ver las tentaciones por lo que realmente son: depredadores que los persiguen a ti y a tu familia? Tocarán a tu puerta y te ofrecerán placer, solo para entrar y empezar con sus planes para la destrucción.

Sé un hombre que no tolera el pecado. Cuando surja la tentación, sé el protector de tu mente y de tu corazón, y sé el protector de tu familia.

Querido Señor: gracias por dejar en claro que seguir a las tentaciones me alejará de ti. Cuando las cosas se me pongan difíciles, recuérdame que esas compulsiones son el camino a la destrucción. Dame la fuerza para negar mi carne y, en vez, seguir tu voluntad. Amén.

DEVOCIÓN 47

ME NIEGO A ESTAR ESTANCADO EN EL PASADO

No se acuerden de las cosas pasadas ni consideren las cosas antiguas. He aquí que yo hago una cosa nueva; pronto surgirá. ¿No la conocerán? Otra vez les haré un camino en el desierto, y ríos en el sequedal.

ISAÍAS 43:18-19

Imagina que despiertas por la mañana y te diriges al gimnasio. Entras, cargas la barra de pesas, haces unos *press* de banca y después te vas. Luego sigues con tu día. Para la noche, estás completamente exhausto. De pronto te das cuenta de lo que pasó: nunca dejaste las pesas. Ahora tu cansancio tiene sentido, ¿verdad? Has estado cargando pesas todo el día.

Claro, nunca harías algo así físicamente en la vida real, ¿pero cargas con pesas emocionales?

A muchas personas les sucede. A veces proviene de su niñez en la que les dieron grandes pesas que cargar, como el abandono, la disfuncionalidad, la adicción y tantas otras cosas más. Fueron forzadas a levantar esas pesas y ahora las han cargado durante tanto tiempo que no se dan cuenta de que es posible soltarlas.

Las cosas por fin parecen estar cambiando, pero el mensaje que se les ha dado consistentemente a los hombres ha sido que hay que aguantarse, cargar con las pesas y seguir avanzando. El problema es que no se puede simplemente frotar un poco de tierra sobre tus heridas emocionales o sobre bastiones generacionales. Debes lidiar con lo que sea que te esté tirando hacia abajo emocionalmente desde los páramos del pasado.

¿Hay algo en tu pasado con lo que no hayas lidiado? Seguir llevando esas pesas de más contigo a todos lados te seguirá agotando y al final acabarás frustrado e irritable.

No permitas que el pasado, con el que no has lidiado todavía, afecte como recibes lo que Dios hace por ti ahora. Mira hacia atrás, resuélvelo con un consejero, pero no te quedes en esos páramos. ¡Prepárate para lo *nuevo* que trae Dios!

Querido Señor: gracias por ser el Dios de los nuevos comienzos. Ayúdame a encontrar un consejero que pueda ayudarme a soltar cosas de mi pasado que me pesan y tiran para abajo. Quiero estar listo para recibir lo que tienes para mí. Amén.

DEVOCIÓN 48

NO TIENE NADA DE MALO DEDICARME TIEMPO PARA MÍ

Y todo lo que hagan, sea de palabra o de hecho, háganlo todo en el nombre del Señor Jesús, dando gracias a Dios Padre por medio de Él.

COLOSENSES 3:17

¿Tienes un plan para manejar el estrés? Una triste realidad que aqueja a los hombres es la fuerte tentación de aislarse e insensibilizarse, razón por la cual, se ponen a ver incontables videos, se entregan a la pornografía, beben demasiadas cervezas o se quedan despiertos hasta altas horas de la noche jugando a videojuegos.

Ninguna de estas cosas brinda el sano alivio que realmente necesitan tu mente y tu cuerpo. Y ciertamente no son opciones que te permitan representar bien a Dios.

Así que, la pregunta es: ¿tienes un pasatiempo que te resulte gratificante o especial? Estos intereses positivos son regalos del Señor a los que tal vez no les estés sacando provecho. Tener el don de la música, del arte, del atletismo, de la carpintería o sea lo que sea que disfrutes es parte de quien Dios te ha llamado a ser.

Puede ser la parte de ti que, de ignorarla, comenzará a perturbar tu vida.

La simple verdad es que tu vida está diseñada para funcionar mejor si su combustible es la alegría. Aunque la alegría se puede encontrar en todo tipo de circunstancias, se siente en abundancia cuando llenas algunos de los deseos de tu corazón.

Hacer algo que amas —hasta montar en bicicleta o ir de pesca con amigos— te permite descomprimir, aumentar tu felicidad y mejorar tu salud mental... y todo lo haces mientras representas bien a Dios. Después de todo, tus dones hacen alarde de su destreza.

Así que no aplaces el tiempo que puedas dedicarte a ti. En vez, encuéntralo intencionalmente, con equilibrio, y todo por la gloria de Dios.

Querido Señor: gracias por darme las cosas que amo hacer y que son solo para mí. Hacen alarde de tu habilidad creativa y me ayudan a sentirme más como yo mismo. Espero que pueda adoptarlas y encontrar el equilibrio en ellas para tu gloria. Amén.

DEVOCIÓN 49

ESTOY HACIENDO UN BUEN TRABAJO

La congoja abate el corazón del hombre,
pero la buena palabra lo alegra.

PROVERBIOS 12:25

¿Alguna vez una palabra de aliento ha impactado en tu vida? Yo he recibido varias a lo largo de los años, pero hay una que realmente me impactó como esposo y padre. Estaba parado en el jardín frente a nuestra casa con mi esposa, Jamie, junto a un camión de mudanza cargado hasta el tope. Estaba totalmente estresado y no podía creer que le estaba pidiendo a toda mi familia que dejara Florida, el único hogar que había tenido hasta entonces, y que se mudara al otro extremo de los Estados Unidos por mi nuevo trabajo. Fue el momento de mayor inseguridad que sentí jamás a la hora de tomar una decisión. Esta mudanza no solo me impactaría a mí: para bien o para mal, estaba a punto de impactar en toda mi familia.

Estaba a segundos de descargar el camión cuando mi esposa me tomó la mano, me miró a los ojos y me dijo: «Cariño, estás tomando la decisión correcta para tu familia. Todo va a estar bien».

Inmediatamente sentí una ola de seguridad y confianza. Mudarnos era la decisión correcta.

Nunca dejé de decirle a mi esposa lo mucho que significaron sus palabras ese día.

Como hombres, podemos ponernos mucha presión. Cargamos un gran peso con tantas decisiones que tomamos y no dejamos que muchas personas vean cuán pesada es esa carga para nosotros.

Así que hoy, encuentra algunas palabras de aliento para ti mismo. Hasta en tus inseguridades y temores, está bien decirte que estás haciéndolo lo mejor que puedes en ese momento y que Dios ayudará con el resto. Estás haciendo un buen trabajo.

Querido Señor: te alabo por darme palabras de aliento y por poner gente en mi vida que me alienta y me levanta el ánimo. Espero que yo me convierta en una persona que alienta a su familia y los demás, así como a mí mismo. Ayúdame a usar mis propias palabras para tu gloria. Amén.

NO SUBESTIMES TU LEGADO

DEVOCIÓN 50

DEJARÉ UN GRAN LEGADO

¡Aleluya! Bienaventurado el hombre que teme al SEÑOR y en sus mandamientos se deleita en gran manera. Su descendencia será poderosa en la tierra; la generación de los rectos será bendita.

SALMOS 112:1-2

Ryan es un buen hombre. Se ha ganado el respeto de su esposa y de sus hijos. Su comunidad y su iglesia lo estiman muchísimo. Sería difícil decir algo negativo de él.

Sin embargo, no siempre fue así.

Ryan proviene de una crianza difícil. Tuvo un padre ausente, una madre que le daba más padrastros de los que hubiese querido y tenía todo un linaje de bastiones en su familia, incluidos el alcoholismo, la ira y el adulterio.

Cuando alcanzó la adultez, Ryan hizo algo muy común: empezó a repetir patrones de los que había sido testigo en su crianza.

Lo que por fin dio un vuelco a las cosas para Ryan fue su encuentro con Jesús. A medida que fue creciendo en el Señor y comenzando a seguir su camino, aprendió cuán bueno sería y cuán lleno de esperanza estaría el camino con Cristo. Su anterior idea de conformarse con la vida que le había sido dada, ahora se había convertido en una vida en la que se esforzaba por mejorar. Ryan se convirtió en quien cambiaría el legado de su familia.

Como padre, estás dejando un gran legado. Lo aterrador —y maravilloso— es que puedes elegir cuál será ese legado.

¿Qué hay en tu vida que no quieres que repitan tus hijos? ¿Qué querrías para ellos que en la actualidad no estás modelando? En este momento tienes tiempo de hacer cambios y elegir el legado que quieres dejar.

Entre otros, deja el legado de seguir y obedecer a Dios y de recibir sus abundantes bendiciones por hacerlo.

Querido Señor: estoy tan agradecido de que seas el Dios de la redención. Te pido que me muestres lo que sea que deba cambiar o en lo que deba trabajar para que el legado que les deje a mis hijos sea uno que los bendiga a ellos y te honre a ti. Amén.

DEVOCIÓN 51

ENVEJECER NO QUIERE DECIR QUE VALGA MENOS

La gloria de los jóvenes es su fuerza; y el esplendor de los ancianos, sus canas.

PROVERBIOS 20:29

La crisis de la mediana edad: esa etapa en la que los hombres compran costosos autos deportivos y barcos que no pueden pagar o tal vez tengan romances con mujeres más jóvenes. Por desgracia, es algo muy real, pero solo para hombres espiritualmente inmaduros: hombres que tal vez no conozcan a Jesús y hombres que olvidan lo valiosos que aún son, a pesar de haber envejecido un poco.

A los cincuenta y dos años, Rick se vio envuelto en un romance extramatrimonial por primera vez en su vida. Este romance terminó por llevarlo a pedir ayuda mientras intentaba recomponer su matrimonio. Rick había estado viviendo con lo que sentía era un vacío que intentaba llenar. Lo que Rick no sabía era que lo que producía ese vacío era el miedo.

De hecho, muchos de esos hombres que se pasean en sus autos veloces (dicho sea de paso, no tiene nada de malo tener un auto deportivo último modelo) están plagados de temor. El miedo a perder lo que ellos valen. Temer perder su cuerpo juvenil, su fuerza, su cabello. Van al trabajo y ven como, a través del tiempo, aparecen hombres más y más jóvenes en escena; lo cual les hace temer el estar perdiendo algo de lo que alguna vez tuvieron. Y la realidad es que, tal vez así sea. Pero lo único que significa eso es que están ingresando en una época de cambio.

Al envejecer, lo que les brindas a tu familia y al mundo es sabiduría. Tu fortaleza ahora proviene de tus años de experiencia, de tu crecimiento espiritual y de tu habilidad de volcarlo todo en las generaciones siguientes.

Lo que ofreces ahora es importante. Al contrario de lo que puedes pensar, tu valor no disminuye a medida que envejeces... sino que aumenta.

Querido Señor: gracias por usar toda mi vida para tu gloria. Ayúdame a no obsesionarme con pensar que lo que valgo está desapareciendo. Continúa usando mis experiencias y mi sabiduría como ejemplo ante mis hijos y para tu reino. Amén.

DEVOCIÓN 52

TERMINARÉ LO QUE EMPECÉ

Por tanto, nosotros también, teniendo en derredor nuestr[a] tan grande nube de testigos, despojémonos de todo peso y del pecado que tan fácilmente nos enreda, y corramos con perseverancia la carrera que tenemos delante de nosotros puestos los ojos en Jesús, el autor y consumador de la fe, quien por el gozo que tenía delante de él sufrió la cruz, menospreciando el oprobio, y se ha sentado a la diestra del trono de Dios.

HEBREOS 12:1-2

Las Escrituras representan a muchos héroes de la fe. Justo antes de los versículos que aparecen arriba, en Hebreos 11, puedes leer acerca de la gran cantidad de testigos que, de manera individual, lo dieron todo por el Señor. Muchos de ellos confiaron en Dios para todo, hasta para lo imposible. Terminaron sus carreras al grito de vítores celestiales.

Ahora te han pasado a ti esa gran antorcha de fe. Está en tu puño y pasarás el resto de tu vida terrenal corriendo con ella.

Este libro ha estado lleno de palabras de aliento y revelaciones para ayudarte a correr mejor tu carrera. También ha estado repleto de advertencias sobre obstáculos y todo tipo de cosas que pueden frenarte. Por ser el corredor, puedes decidir cuán dispuesto estás a dedicarte a la carrera y cuán bien te gustaría terminarla.

Puedes elegir correr por el camino que Dios planeó para ti, junto a Él asistiéndote, o puedes elegir labrar tu propio camino. Es probable que, en el transcurso de la carrera, hagas un poco de ambos.

La Palabra de Dios está allí para ser tu combustible, y Él está allí para aumentar tu resistencia. Sin duda, a lo largo del camino habrá momentos en los que te quedarás sin aire y trastabillarás. Pero cuando corres con Jesús, Él siempre te ayudará a ponerte de pie otra vez.

Aférrate con fuerza a esa antorcha, toma lo que hayas recogido paso a paso y continúa recogiendo cada vez más. Corre tu carrera como si te esperara una abundante alegría... porque así será.

Que tu forma de correr marque el camino de fe que puedan seguir muchas generaciones a futuro.

Querido Señor: eres el héroe de mi fe. Ayúdame a ser un hombre que sigue el camino que has planeado para mí. Usa cada paso que doy para tu gloria, así puedo convertirme en un héroe de la fe para tantos otros. Amén.

AGRADECIMIENTOS

Sin el ejemplo de Jesús y la Palabra sagrada de Dios, este libro no habría sido posible. Él es siempre quien recibe la gloria primero: por enseñarnos la sabiduría, por volcar su gracia y por siempre ofrecer una forma de salir de los líos en los que nos metemos.

Gracias a cada hombre y a cada pareja que ha compartido su historia con nosotros en nuestra oficina de consejería o sentado en una mesa cualquiera. Sus deseos de crecimiento y compromiso con El Señor siempre serán lo que más nos inspira.

Gracias a nuestras hijas, Alicia, Taylor y Mackenzie. Gracias a Alicia y Chad, nuestra hija y su esposo, que nos abrieron su casa y nos dieron un lugar donde vivir y escribir mientras se construía nuestra casa. A Taylor y su esposo, Jon, por ofrecernos las mejores pausas del mundo en la escritura para hablar por FaceTime con nuestro adorado nieto, Lincoln. A Mackenzie y Willy, por permitirnos observar y sumergirnos en la alegría y el entusiasmo de la vida de recién casados... al mismo tiempo que nos recuerdan nunca dejar de disfrutar del viaje en el que nos ha embarcado Dios.

Gracias especialmente a Chad, Jon y Willy por amar a nuestras hijas como lo hace Jesús y por elegir ser hombres íntegros. Sería un honor para nosotros que los hombres que lean este libro se conviertan en hombres como lo son cada uno de ustedes.

Gracias, lector, por estar dispuesto a leer este libro mientras te esfuerzas por convertirte en el hombre que Dios quiere que seas. Tú eres el que marca el mayor impacto en el reino del Señor.

SOBRE LOS AUTORES

Chris y Jamie Bailey son consejeros cristianos profesionales y *coaches* matrimoniales. Llevan casados más de veintiocho años y tienen tres hijas y tres nietos.

Chris y Jamie dedican su vida a ayudar a matrimonios a convertirse en aquello para lo que Dios los creó, mediante la enseñanza de la aplicación de la verdad de la Palabra de Dios a su vida diaria y a sus relaciones. Tienen una consejería privada en Carolina del Sur, así como también un ministerio matrimonial en línea llamado Expedition Marriage.

Los Bailey son autores del *bestseller Newlywed Couple's Devotional,* coconductores del pódcast *Expedition Marriage* que se emite semana por medio, y Chris también es coconductor del pódcast para hombres *Not Your Average Man.*

A través de sus charlas, publicaciones, pódcasts así como también sus retiros y seminarios, ayudan a los cónyuges a equiparse con las herramientas prácticas, el entrenamiento y el aliento necesarios para cumplir exitosamente con el propósito al que los ha llamado Dios. Para más información sobre sus servicios, accede a los recursos en línea y a sus pódcast a través de su página web: ExpeditionMarriage.org.

¡Hola!

Esperamos que hayas disfrutado del *Devocional para padres*. Si tienes alguna pregunta o consulta acerca de tu libro, o si recibiste una copia dañada, por favor contáctate con customerservice@penguinrandomhouse.com. Estamos siempre disponibles y nos encantaría poder ayudarte.

También, considera por favor escribir una reseña en el sitio de tu comercio favorito para compartir con otras personas tu opinión sobre el libro.

Atentamente,
El equipo de Zeitgeist